In Liebe und Dankbarkeit
für Dich und damit auch
für uns und unseren Weg –
das gemeinsame Ziel:
Große Liebe
für eine geeinte Menschheit
im Frieden der Natur, der
Wärme und dem Licht der Sonne

Dein Lächeln

Seelenworte der Tochter der Sonne 4

Texte, Fotos und Gestaltung
Ines Evalonja

Vorwort

Der Wunsch und das gute Gefühl lassen uns etwas tun, uns und anderen zur Freude. Erst ist es ein Gedanke nur und dann entsteht durch unser Einlassen darauf das, was sich ergeben mag.

Mein Lebensweg ist geprägt durch die Suche nach dem Glück und damit dem Finden dessen, der das Leben erschuf: Gott – unser gemeinsamer Himmlischer Vater, die Sonne.

So nahm ich mir heute, als sich mir der Buchtitel schenkte, Zeit, um mich IHM zu widmen und zu öffnen: Ich saß in der Sonne und empfing das Goldene Licht, welches ich mit geschlossenen Augen sehe und fühle und es ebenso gern in meine Augen hinein nehme.

ER macht mich lächelnd in dieser Weise und so auch durch all das, worin ich SEIN Lebenswerk spüre und die Freude, die ER uns stets zu geben bereit ist!

Als ich - diese freudvolle Verbindung mit IHM genießend – in der Sonne saß, kam ein mir unbekannter Mann und sagte; „Da sitzt eine Sonne in der Sonne." Und das ist dann so, als käme ER für einen Moment in Menschengestalt, um mir eine liebevolle Botschaft zu schenken. Denn was kann schöner zu diesem Buch passen, als ein solches Erlebnis!

Wir sind SEINE Kinder und das Schönste, was wir IHM schenken können, ist, selbst zu einer Sonne für andere zu werden. Bereit, zu geben und so im ganz natürlichen Lebensfluss Heimat zu finden. In dem ursprünglichen Leben und damit in der von IHM gegebenen Ordnung ist dies das, was ALLEM Leben zugrunde liegt: Das Gegebene ist zur Freude gegeben und an KEINE Gegenleistung gebunden. Wer in diesen natürlichen Lebensfluss und in diese höchste Ordnung hineinfindet – und dies kann allein die Seele – wird spüren, wie wunderbar und wahrhaftig sich dies anfühlt.

Auch wenn uns ein solches Leben – ohne Finanzen und sonstige Verpflichtungen, Verträge… was auch immer man hier mit hineinnehmen mag – uns unwirklich vorkommn mag, so ist es dennoch genau das, was niemals zu SEINER liebevollen Seele und dem SEIN in SEINEM Sinn gehören kann. All das zwingt den Menschen in Wege, die zum spontanen, überraschenden Lauf und der natürlichen Entwicklung des Lebens im Gegensatz steht. Ein freies und selbst bestimmtes Leben ist dem Menschen nur in der Verbindung mit IHM möglich und damit in und durch die Liebe. Diese zerstört nicht das Liebste und Schönste, sondern bewahrt und fördert es! Das SEIN als Mensch in Wahrhaftigkeit und der Wahrheit muss man annehmen, mit IHM als Oberhaupt über uns und FÜHLEN, was für ein Mensch man dadurch wird! Wenn man sich in die „Höhe des Menschseins" bewegen mag, gibt es nur den EINEN Weg: Die Liebe – den Weg im Licht der Sonne. Dann ist der Mensch wieder hilfreich und zutiefst gut! Jedem Menschen steht ein seiner Seele entsprechendes, würdiges Leben und so auch Lebensraum zu! Das Leben darf nicht an Arbeit gebunden sein, sondern lediglich an Aufgaben, die Freude bereiten und das Feingefühl im Menschen fördern – sowohl für sich selbst, als auch für die Natur und ihr Mitmenschen! Nur in dieser Weise werden wir fühlend wahrnehmen, welche Wunderwelt uns in und durch die Natur geschenkt geworden war, als der Mensch einst in dieser „geistig-seelischen Größe" auf der Erde war und letztlich immer noch ist. Die Sonne weist uns den Weg in unser FÜHLENDES Sein als Mensch und dies ist das wahrhaft schöne und berührende Leben.

Da es mir sozusagen ALLES bedeutet, IHN in dieser Herrlichkeit gefunden zu haben, und ich so dankbar bin für die unzähligen Momente, in denen ER mir – auch rückblickend in Menschen –

erschienen ist, möchte ich dies in diesem Buch veranschaulichen.

Es ist mir ein Herzensanliegen, die Menschen an ihren Ursprung zu erinnern und die wahrhaftige Freude in den Fokus der Aufmerksamkeit bringen. ER ist uns nur so fern, wie wir IHN in uns hineinlassen. Das LICHT ist stets da, wenn es draußen hell ist und so ist es auch IN UNS. Wenn unsere Seele mit der HEIMAT verbunden ist, dann macht ER uns lächelnd in vielerlei Weise. Es gibt nichts Wunderbareres, als in SEINER großen, wahrhaftigen Liebe wieder fühlbar umarmt und beschenkt zu sein. Dann möchte man sich wieder dahinein begeben, was man die Seelenreife nennen kann oder das Erblühen der Seele. So wird der Mensch wieder Kind und hat ein reines Herz und eine lichterfüllte Seele. So verändern sich Gedanken, das Verhalten und auch Wünsche…! Letztlich bleibt dann dieser EINE Wunsch, dass man wieder GANZ mit IHM sein möchte – EINS mit

SEINEM Licht und auf ewig wieder Heimat habend in der Ebene des Lichts. Dann nimmt man an, dass man als Mensch nichts herausfinden kann, was nur IHM zugänglich sein kann. Keinem Menschen wird es je gegeben sein, SEIN Lebenswerk vollumfänglich zu verstehen oder herauszufinden, wie man SEINE Macht und Kraft erhalten kann.

Die Liebe führt uns in der Weise, dass man froh ist, dass es IHN über ALLEM gibt und ER uns führen kann ins Glück und zu gefühltem Frieden, der immer wieder Jetzt beginnen kann. In SEINEM Licht findet die Seele Ruhe und eine vorher nicht gefühlte Freude. So nimmt man kleinste Details wahr und erkennt, wie viele Momente die Schönheit eines Menschenlebens ausmachen können!

Auf der Ebene eines ewigen Kindes gibt es sooooooooo vieles anzusehen. Wie glücklich kann man sein, wenn man Menschen in seinen Lebensweg bekommt, die – so wie man selbst - auf diese Weise spüren und leben und somit Zeit in schönster Weise gemeinsam verbringen kann.

Mögest du beim Lesen oft zum Lächeln gebracht werden und dich immer wieder erinnern, wie gut es tut, ein Lächeln zu sehen und zu spüren!

Viel Freude mit den ausgewählten Bildern und Gedanken und damit eine besinnliche Zeit!

Dein Lächeln

Was war unser schönstes Lächeln?

Wir selbst sehen uns im Grunde viel zu selten, um darauf eine Antwort zu finden. Und auch ist es gut, sich dies bewusst zu machen und die Schönheit des Gedankens in sich erblühen zu lassen, dass der wunderbarste Spiegel der ist, den wir in den Seelen und Herzen anderer haben. Machen wir uns das Leben als ein LEBENSWERK der Freude bewusst und dass die Freude unser Lebenselexier für die Seele ist können wir eine neue Einstellung für unser Leben gewinnen.

Wieviele Menschen haben uns in unserem Leben überhaupt lächeln sehen? Wann beschenken wir andere mit unserem unverwechselbaren Lächeln und ist uns bewusst, wie wichtig es für unsere Seelen ist? So ist es die bedeutsamste Gabe, die wir zu verschenken haben: Durch dieses Lächeln geben wir uns und anderen ein gutes Gefühl. Es sagt: „Du bist mir willkommen! Ich sehe in dir den göttlichen Samen und wünsche, dass dieser Same erblüht!"

Wer kann entscheiden, wann wir am schönsten sind und weshalb folgen wir solchen Ideen? Mein Empfinden ist inzwischen: Es ist dann so, wenn wir aufhören darüber nachzudenken und wir uns nicht mehr in all den Meinungen, Urteilen und Vorurteilen über das Leben bewegen! So wird das Leben dann wieder so richtig schön, wenn wir natürlich leben und IHM – unserem Himmlischen Vater – zum Gefallen leben! Mit IHM ist es einfacher, sich wohl zu fühlen und so auch in SEINER Welt, der Natur! Ohne die künstlich erschaffenen Spiegel – wozu letztlich auch die Fotos gehören, die wir Zeit unseres Lebens machen – LEBEN wir. Wir leben anders, ursprünglicher und auch dem natürlichen Wandel angepasst

Wie wunderbar haben es jene Menschen, denen der Partner und das Kind die einzig wichtigen Spiegel werden und so auch das, was sie an Lebewesen um sich haben – wozu Bäume, Blumen, Tiere und letztlich all das gehört, was ER uns gab! Das ist für mich fühlbar die höchste Form des Menschseins... das SEIN in der Liebe der gesamten Schöpfung, die immer wieder in IHM nur Anfang und Belebung findet!

So wir zu dieser ganz natürlichen, einfachen Lebensbetrachtung und Lebensweise finden, wird das Leben spürbar einfach! Dann sind wir ganz bei uns selbst und somit mit IHM... dann spüren wir uns als Seele und damit die

Wahrhaftigkeit unserer Energie, die wir sind, ausstrahlen und in all das hineingeben, was wir tun!

In SEINER Sicht spürt man sich anders... es ist, wie mit dem wunderbarsten Vater, den man sich nur wünschen kann! Er führt uns zu all dem, was wir geben können und wie die Freude uns und andere Seelen nährt.
Die Freude ist in der Natur da – so wie die Sonne! Sind wir für sie offen, finden wir Unzähliges, was uns lächelnd macht und beschenken damit auch IHN!

Für mich ist all das, was spürbar aus SEINER schönen, harmonischen Seele entstanden war, etwas Heiliges. Und so sind es auch die Momente, in denen ich Menschen lächeln sehe.

Ein kleines Baby im friedvollen Schlaf lächeln sehen, ist, als würde man den Himmel spüren. Sich selbst in Kinder hineinversetzen zu dürfen und dies auch für sich selbst zu tun, bringt uns in den

Weg, der Seelenreife. Dann können wir das Gefühl des Lächelns immer besser spüren, auch ohne uns zu sehen. Ja dann möchte man IHM das eigene Lächeln schenken und auch den Blick zu anderen, die dies tun. Man wird so immer mehr dahin geführt, dass ER durch unsere Augen beschenkt wird! ER (Unser göttlicher Vater) erschuf den Menschenkörper, um selbst in der von IHM erschaffenen Wunderwelt höchster Harmonie zu leben!

Ich habe zwei meiner Lieblingsbilder ausgewählt, um dir „mein Lächeln" zu schenken:

Dieses Bild entstand dort, wo ich auf den wichtigsten Weg fand – den Weg zu meiner Seele, zur Natur, zum Himmlischen Vater und all dem, was man das „Edle" im Menschen benennen kann. So war und ist dies der Weg des Gebens und Mensch werdens – der der Liebe! Für mich wurde es der Weg mit Braco, Josip Grbavac, aus Kroatien – ein für mich wichtiges Vorbild in meinem Leben, weil er für mich der schönste Mensch – innerlich und äußerlich – geworden ist. Ein Mensch, der all das, was man als die Gaben des Himmels bezeichnen kann, zu den Menschen brachte und bringt!

www.braco.me – www.braco-tv.me

Ein Bild in der Natur – entstanden im goldenen Licht der Sonne… da, wo man sich erinnern kann, was uns als Mensch auszeichnet, was uns die Natur schenkt und wie wichtig es ist, als Ziel die Freude und damit die Sonne IN SICH zu haben!

Ja man kann es auch als Eid oder ewiges und einziges Versprechen an IHN – unseren Vater und unsere Heimat ansehen: Wir leben zur und für die Freude – schützen unser Himmelreich und sind da, wenn ER uns braucht!

Wie lang ist unser Leben?

Niemand weiß es zu sagen! Das Leben an sich ist ewig und so ist auch unsere Seele beheimatet im Ewigen… dem Licht der Sonne. Doch die Zeit in unserem Körper ist – so lang sie auch sein mag – begrenzt.

Wofür sind wir hier auf der Erde? In erster Linie wohl genau dafür, dass wir uns dessen bewusst werden, dass wir eine

SEELE haben und DIESE sind. Der Körper ist das Haus, welches wir bewohnen, solange wir leben! Damit es uns in diesem Haus wohlergeht, braucht es sowohl Nahrung und beste Bedingungen für Seele UND Körper!

Der Schmetterling steht in vielen Kulturen und auch der Religion als Zeichen für die Seele des Menschen. Welch schönes Zeichen, dass sich bei einer Wanderung ein Schmetterling auf meine Uhr setzte, der auch noch äußerlich so aussah, wie der, der auf der Uhr zu sehen ist.

Auch dieses Buch schreibe ich, um daran zu erinnern, WIE wichtig es ist, unserer Seele Aufmerkamkeit zu schenken, damit sie mit dem Licht des Himmels in Verbindung kommt und davon genährt wird! Nur so kann sie erblühen und mit all dem beschenkt werden, was ihr in ihrem natürlichen SEIN wichtig ist und bleibt!

Die Seele ist außerhalb von Zeit und Raum – in der Stille – am glücklichsten. Dies kann man ganz bewusst beobachten, wenn man beispielsweise in einer Meditation in der Sonne sitzt oder steht. So kann man das Licht in sich und um sich spüren – es auch über die Augen in den Körper aufnehmen. Für mich waren und sind dies die herrlichsten Erlebnisse und die Öffnung für eine Welt voller Wahrhaftigkeit!

Ich sage, dass der Mensch erst dann wieder wirklich glücklich und in paradiesischen Umständen leben kann, wenn er sich von dem Scheinleben innerhalb von Terminen und Zeitdruck löst! Die Seele kann innerhalb von Zwängen und Eile nicht leben und so wird auch der Körper mehr und mehr Anzeichen geben, dass das, was man tut, der Seele nicht guttut! So wird man anerkennen müssen, dass ALLE körperlichen Beschwerden ihre Ursache im Zustand der Seele haben. So wir die Seele wieder ins Zentrum unserer

Aufmerksamkeit rücken, werden viele Ursachen erkannt und verändert werden können, damit sich Wirkungen auflösen und der Mensch sich wieder frei entfalten kann!

Das ganze Leben ist wie eine Schule oder ein Studium! Es gibt nichts Wesentlicheres und Wichtigeres, als sich dessen bewusst zu werden und sich dieser Seelenentwicklung hinzugeben. Das heißt, die Seele braucht die Öffnung für die Natur, ohne die der Mensch nicht wirklich Mensch SEIN kann. Das LEBEN ist ein Wunderwerk, in das nur die Seele Einblick erhalten kann – dies geschieht jedoch nur so weit, wie es uns und anderen gut tut und damit auch der Schöpfung im Ganzen.

Der Mensch ist auf Seelenebene gesehen an Harmonie gebunden, um Freude zu FÜHLEN und in dieser Sicht auch an das Geben all dessen, was diese in uns und in unserem Umfeld nährt. So sind Aufenthalte in der Natur, in der wir uns den Beobachtungen unserer Lebensgrundlage hingeben, immer eine Verbindung mit unserem Schöpfervater. ER lässt uns lächeln und wir fühlen SEIN Lächeln, wenn wir SEIN Wunderwerk wiederfinden! So wertschätzen wir dann in anderer Weise und Sicht IMMER IHN und so auch die Natur, in der wir unsere Mutter spüren, die uns ALLES zu geben vermag!

Nirgends sonst kann man Ruhe und Freude in so direkter Weise finden und erhalten wie in der Schöpfung des Träumers. Ich nannte unseren Himmelsvater so, weil ich mich IHM so auf so wundervolle Weise nähern konnte. So wurden mir SEINE Werke und Geschöpfe so wertvoll und ich gelangte in eine ganz neue Sicht – ja ich wurde selbst zu einer Träumerin beim Beobachten und mich Hineinbegeben in all die Wunder und die Herrlichkeit! Auch wenn mir das früher so noch nicht spürbar gewesen war, so kann ich doch auch noch nachträglich beim Ansehen von Fotos die Heiligkeit von Augenblicken spüren und somit auch tiefe Dankbarkeit dafür, dass ich so Unzählige erleben durfte! Und die, die ich in Bildern festhalten konnte, sind vielerlei Weise in Büchern, den Glücksbriefen und auf der Homepage zu finden – als Anregung und auch zur Öffnung der Seele für SEINE Welt, die uns allen gehört...!

Und doch wird mir immer bewusster, dass unsere Augen das Wesentliche sind, um IHM und der Schöpfung unsere liebevolle Sicht und unsere Gefühle zu schenken. Denn wann immer wir einen Apparat zwischen unsere Augen und das, was wir sehen, tun, sind wir wie abgeschnitten von unseren schönen Gefühlen und auch von dem, was man mit Respekt und Achtsamkeit benennen könnte. Denn allzu oft überschreiten wir Grenzen, weil wir nicht mehr spüren, was wir anderen Seelen zumuten und antun mit all den Aufnahmen, von denen wir nicht einmal mehr wissen, wohin sie gelangen und vieles mehr. Doch die Seele spürt… und dies gelangt immer mehr in den Fokus der Öffentlichkeit!

Ein Mensch in Liebe verhält sich in einer Weise, die man sanftmütig und zärtlich nennen kann! Man wird stiller und bewegt sich leiser – ist offen für die Signale anderer Seelen!
So ist dies auch und vor allem in der Weise zu sehen, dass die Natur und so auch der Mensch Frieden und Ruhe braucht, damit die Seele sich öffnet und ihre ganze Schönheit zeigen kann! So spürt sie auch die Not der Tiere und all dem, was man in der Natur finden kann. Alles hat aufeinander Auswirkung.
So man das stille Lächeln fühlen und wertschätzen kann, wird man die Wahrheit in all dem spüren und achtsam werden für all das!

Mensch werden – ein beseeltes Wesen… das ist das Ziel der Evolution: Mensch SEIN in einem NATURparadies schönster Klänge, Farben, Formen, natürlicher Melodien und so vielem mehr, woran sich die Seele erinnert, wenn sie sich IHM öffnen darf und SEINER sanften Kraft und Schönheit!

Ein solches Bild ist schönster Ausdruck der Seele dessen, der uns eine Welt voller Wunder zu unseren Füßen erschaffen hat! Wie wundervoll, wenn wir Zeit nutzen, uns dieser Herrlichkeit zu öffnen, um sie zu berühren und auch berührt zu werden von dem Zauber, der kein Ende hat!

Werden wir uns bewusst, WIE lange die Natur schon besteht und welch großer lichtvoller „Geist" ein solche vollkommene Schönheit erschaffen hat! Nur über den Schöpfervater kommt der Mensch sich selber nah und somit auch

all dem, was uns EINS sein lässt mit
Himmel und Erde!

Ein Lächeln für diese Schönheit:
Dankbar, sie zu fühlen und in vielfältiger
Weise wahrzunehmen! Seele und Körper
sind wie ein Heiliges Land.

Wenn wir dies in kindlicher Unschuld
und mit Unvoreingenommenheit
annehmen können, treten wir ein in ein
wundervolles, schönen Leben und
Erleben!

Doch das wahrhaftige MenschSEIN
beginnt erst dann, wenn jegliches
selbstsüchtiges Tun für Erfolg und Macht
- und dies betrifft auch das Geld in
diesem Weg des „Nehmens und Gebens"
- weggefallen ist und wir erkennen, dass
allein ER letztlich das ist, was man einen
MEISTER nennen kann.

SEIN Werk ist ewig perfekt und
vollkommen – wie wunderbar, wenn
man sich als Kind dieser Wunderwelt

wieder anvertrauen und in diesem Glück verweilen kann! Ungute Auswirkungen und Störungen gibt es nur, weil man ohne seine Weisheit und Ordnung lebt und somit außerhalb der Kraft wahrer Liebe.

In dieses Bild kann man einen Wassertropfen hineinsehen oder auch die Erde. Man kann die eigene Seele als solch eine Perle annehmen und sich immer wieder bewusstmachen, dass wir nur durch IHN und SEINE Liebe geschützt sind, Hilfe und Heilung erhalten!

Die Seele ist wie etwas Schwebendes, Leichtes… so wie auch die Erde im Weltenraum schwebt. Nur in dieser gefühlten Sicherheit kann der Mensch in Wahrhaftigkeit leben und dies ist fernab vom Streben nach Macht und materiellem Reichtum!

Es gibt im Mensch SEIN nur einen Reichtum und das sind die Gefühle und das Anerkennen, dass uns von IHM in der Wunderwelt der Natur ALLES geschenkt geworden war und es niemandem zusteht, etwas zu verkaufen oder sich an etwas zu bereichern, was dem gehört, der all das erschaffen hat, was unseren gemeinsamen Lebensraum darstellt.

Frei sein und LEBEN als Mensch! Ein Traum, den wir wirklich machen, in dem wir die Heiligkeit und Herrlichkeit des Menschheitstraums begreifen, den ER verwirklichte. Ich glaube daran, dass SEINE Kinder sich gerufen fühlen, um leben zu können in einer Zukunft, die die Gesundheit als das höchste Gut im Blick hat. Dafür braucht es die sanfte Kraft der Liebe und das Gefühl für das, was uns durch eine einzelne Blume geschenkt ist!

Ein Regenbogen – was für ein Himmelsgeschenk! Wann hast du den letzten gesehen? Was für ein Wunderwerk. Kostet es etwas, solch eine Herrlichkeit ansehen zu dürfen! Nein. Es ist ein Geschenk an SEINE Kinder!

Weshalb ich immer wieder auf solche Schönheit aufmerksam mache? Weil sich die jetzige Zivilisation immer mehr im Materialismus verliert und daher kaum noch Freude oder Glück verspürt. Alles ist nur noch flüchtig, wie solch ein Farbenspiel aus Wasser und Sonnenlicht im unsichtbaren Raum, in dem doch all das enthalten ist an Kräften, die all das aus Mutter Erde hervorlocken, was ohne Unterlass wächst und gedeiht… sich verändert und verwandelt, wie auch der Mensch!

Wie viel gibt es allein auf diesem Bild zu entdecken und doch ist es nur ein Foto – ein Ausschnitt aus einer riesiegen Vielfalt an Möglichkeiten, wofür sich die Seele öffnen kann! Und was nützen uns Bilder und Filme, wenn wir die Herrlichkeit eines frühen Morgenspaziergangs oder Zeit an einem solchen Ort nicht kennenlernen, wenn uns die frische Luft, die Wärme der Sonne und all das, was wir über unsere Sinne in uns aufnehmen können, nicht mehr bedeuten als all das, wofür man Geld bezahlen oder arbeiten muss!

Wie herrlich und großartig ist die ursprüngliche Natur – ohne Straßen und sonstige Eingriffe, ohne die liebevolle Weisheit der von IHM geführten Hände! Um zu LEBEN, braucht der Mensch LIEBE und die kann ihm nur durch den

Ursprung des Lebens gegeben und in ihm erhalten werden: Gott – die Sonne – unsere gemeinsame Heimat der Seele... unser Himmlischer Vater!

Wer einmal nur von IHM berührt wurde, wird dies nie mehr vergessen. Nichts ist dann herrlicher und schöner, als all das, was ER erschaffen hat. So bekommt man auch einen anderen Blick für die Menschen – spürt das Licht und die Dunkelheit in ihren Seelen!

SEINE Schönheit FÜHLT man und man möchte sie beschützen und IHN damit ehren!

Solcherlei Lichterscheinungen sind dann so, als wäre ER selbst mit uns und auch Seelen den Lichts, die unsere Offenheit spüren!

Solcherlei dann mit bloßem Auge zu sehen – so auch die Regenbogenfarben im Sonnenlicht und wie es sich in kreisförmigen Wellen und auch in Strahlen auf uns zubewegt, ist für mich zutiefst beglückend… Doch dies ist es in der Ebene als Kind – nicht, um etwas darüber herauszufinden, sondern nur, um es in Freude zu genießen! So nahm ich auch ganz verschiedene Lichtqualitäten wahr und eine Art spürbare Kommunikation in spierlerischer Weise. Kaum etwas hat mich so tief und nachhaltig berührt, wie all das, was mich mit IHM – unserem gemeinsamen Vater – zusammen brachte! Ja ich bewegte mich spürbar hinein in SEINEN Traum und SEIN Lebenswerk, in dem ich selbst zur Träumenden wurde und mich wieder in SEINE gegebene Ordnung und SEIN Paradies hineinbegeben möchte!

Hat man diese natürliche und ursprüngliche Schönheit des von IHM gegebenen Lebens wiedergefunden, begreift man nicht, wie etwas anderes wichtiger sein kann und weshalb man all das früher so nicht hat sehen und annehmen können! Ja man möchte dann wieder in der Natur Heimat finden – so ursprünglich, wie nur möglich leben! Dies hat auch zur Folge, dass der Körper durch die feinfühlige Seele sehr viel mehr Auswirkungen all dessen spürt, was SEINEN Heiligen Landschaften zugefügt wurde und wie viel es inzwischen ist, was außerhalb dessen ist, was mit SEINER harmonischen Lebensweise und „perfekten Welt" in Verbindung gebracht werden kann!

Doch auch die Qualität der Wahrnehmungen mit unseren Sinnen ist sehr verschieden, weil es immer auf unsere Feinsinnigkeit und auch Achtsamkeit ankommt. Alles ist letztlich ein Zeichen dafür, wie offen unsere Seele ist für SEINE Liebe! So beginnt dies schon damit, ob wir still und leise in der Natur unterwegs sind! Denn wie können wir einerseits in Gesprächen verweilen und gleichzeitig spürend sehen, hören und wahrnehmen, was da rings um uns ist?! Man hat sich so an den Austausch über die Sprache gewöhnt, dass beinahe alles andere verloren gegangen ist. Doch all das andere macht uns zu diesen „Meisterwerken Mensch", die wie ER SELBST sind. Dies zeigt sich vor allem darin, dass sie Not und Leid zu verhindern wissen und sich in SEINEN Dienst stellen, um der Welt zu helfen in

SEINEM Sinn. Das bedeutet, dass sie FREUDE zu den Seelen bringen wollen und damit SEINE Liebe und die öffnet sich immer wieder für uns in der Natur! Dort kann man sie IMMER finden und dadurch dann auch immer mehr in den Menschen.

Wie viele Menschen leiden in der heutigen Zeit unter Einsamkeit! In England soll sogar ein extra Regierungsbeauftragter eingesetzt werden, hatte ich gelesen! Doch was nützt ein Beauftrager für soetwas, wenn wir die einfache Lösung nicht begreifen! Wir sind eingebunden in die Schöpfung! Innerhalb dieser können wir nicht einsam sein, weil wir dann die Verbundenheit von ALLEM erinnern. Das heißt, wir haben dann – durch die Öffnung unserer Seele für IHN, die Sonne – wieder Kontakt zum Gesamtkunstwerk Leben: Der Vegetation, den Tieren, den Elementen Wasser, Luft, Erde und Licht und so auch zu uns selbst und anderen in uns dienlicher, freudvoller Weise!

Und so sind wir dann wieder beim Lächeln. Wir tun dies dann beim Beobachten und Erspüren von all den Geschöpfen und Schöpfungen, die aus unseres Vaters schöner Seele entstanden und auch all dessen, was Menschen in SEINER Liebe und Weisheit gestalteten. Natürlich betrifft dies auch das, wofür wir selbst den Samen in die Erde gaben… Doch immer ist uns bewusst, dass ER es ist, der alles Wichtige dazutut! Und doch sind es auch wir mit unserer sanften Wesensart, die das Erblühen und Wachsen fördern, weil die Natur FÜHLT!

Ein solches Bild kann dich lächelnd machen… die Sanftheit der Farben ebenso, wie das Betrachten der Blütenform und kleiner Details, wie die Wassertropfen und auch das Beginnen eines Traums.
So könntest du dir lächelnd vorstellen, wie du einen Garten anlegst oder dich in einen hineinbewegst, um dort Zeit zu verbringen und dich öffnest für die Herrlichkeit von Farben, Düften, den natürlichen Klängen dort, dem Wind, dem wärmenden Sonnenlicht und so vielem mehr, was uns erst bewusst wird, wenn wir uns Zeit nehmen für solche

schönen Erfahrungen für Seele UND Körper! Ja man kann sich auch vorstellen, wie sich eine Biene in die Blüte hineinbegibt oder sich ein Schmetterling auf ihr niederlässt oder sich dafür entscheiden, solch wunderschönen Wesen Zeit zu widmen, um sich ihr Tun anzusehen.

Mir ergeht es dabei immer wieder so, dass ich IHN für all das bewundere und mir jedwede Erklärung immer ferner wird, weil es keinen Sinn ergibt, all das erklären zu wollen. Man SPÜRT, dass ER weiß, was er erschaffen hat und in welcher Vollkommenheit und Harmonie alles miteinander in Balance und Kommunikation steht!

In kindlicher Sicht ist SEINE Welt einfach nur schön! Der Mensch ohne die Anbindung an SEINE von Liebe und Freude erfüllte Seele macht all das kaputt, was SEINER Weisheit bedarf, damit uns die Natur ALLEN dienen und uns in bester Weise nähren und ernähren kann! Ja, man kann traurig werden – SEHR traurig! Doch das bringt auch nichts, weil dadurch nichts besser wird. Man wird wieder zu einem Betenden und möchte einen Glauben entwickeln, der stärker ist als alle Berge der Erde, damit die Seelen der Menschen sich öffnen und somit der von IHM geführte Mensch erwacht! Das ist so, weil die Natur so wundervoll ist und so auch der Mensch, der SEINE Liebe in sich trägt und spürt, wie es SEINER Schöpfung Erde und ihren Geschöpfen ergeht!

Und dann kommt ein Schmetterling in den Blick auf einer Blüte und man ist wieder das staunende, glückliche Kind – dankbar für solche wunderschönen Augenblicke, die die Seele wieder mit Licht erfüllen, die unsere Augen strahlen lassen und ein Lächeln ins Gesicht zaubern.

So ist man dann erinnert an Menschen, die die Natur ebenso wertschätzen und lieben oder an solche, die einmal auf der Erde waren und von denen man berührende Bilder mit solch einem Lächeln in sich trägt!

Der Mensch braucht das natürliche Licht, um sich in jedweder Weise frei und glücklich zu fühlen und sich dieser Wunderwerke bewusstzuwerden!

Das Glückskleeblatt wurde zum Teil meines Lebensweges, weil ich sie in einem dem Verstand unbegreifbaren Anzahl finden durfte und sie deshalb auch in verschiedener Weise verschenk(t)e. Dafür braucht es Zeit in der Natur in den Tagesstunden, denn sonst hätte ich sie nicht finden können und so auch die Freude in mir nicht, über solche besonderen Himmelsgaben!

Es gibt kein größeres Glück, als sich EINS mit der Natur zu fühlen – wie eine Brücke zwischen Himmel und Erde – ein Empfangender, der etwas immer wieder Einmaliges zu geben hat und dies allein aus einem Grund: Freude! Sender und Empfänger ALLES Guten ist letztlich ER... der Träumer vom Beginn. Doch dies zu begreifen ist wohl erst dann möglich, wenn der Mensch wieder so feinsinnig und der höchsten Harmonie und Ordnung hingewandt, wie es zu Beginn des Lebens gegeben war. Und doch ist es auch jetzt möglich – so die Seele des Menschen offen ist –

zumindest anzunehmen, dass der Mensch ohne Liebe nicht leben kann. Die Liebe ist das wärmende Licht der Sonne, die im Menschen durch die Freude und das in Freude geben und helfen zutage tritt!

Was FÜHLEN wir noch? Und wann nehmen wir uns überhaupt noch Zeit, um etwas bewusst zu fühlen und in welcher Weise?

Eine solch feine Feder kann die Einladung sein, diese auf unserer Haut entlanggleiten zu lassen. Spürst du das? Innerlich ist das feine Gespür ähnlich und dies betrifft wiederum ALLE uns gegebenen Sinne. Hinauf zu SEINER Vollkommenheit des ABSOLUTEN Sehens, Hörens, Riechens und Schmeckens sind es dann Sphären, die kaum mehr auch nur EIN Mensch erreicht in der heutigen Zeit. Doch in SEINER Liebe kann sich die Seele dahinein begeben und so den Wunsch verspüren, sich nur noch DIESEM Weg widmen zu wollen. Dafür gibt es keine Arbeit oder Betätigungfelder. Dafür braucht der Mensch die entsprechenden „Rahmenbedingungen", das heißt ein intaktes Naturareal, damit sich die Seele öffnen und all das empfangen kann, was nur die Natur geben kann, weil ER nur in dieser Weise geben kann, was diese Entfaltung oder das Erblühen ermöglicht!

Wie glücklich werden jene Menschen sein, die – wann immer dies auch möglich wird – in dieser Weise wieder LEBEN zu können!

Schaut man sich nur EIN solches Wesen an, kann man nur berührt und stolz sein, einen SOLCHEN Vater zu haben. Was kann interessanter sein, als all das, was lebt mit uns und rings um uns!?!

Ich lächle und bin erinnert an unzählige solcher Herzglückmomente, in denen ich mich über Begegnungen mit Libellen freute und auch über die vielen verschiedenen Arten, denen ich Aufmerksamkeit widmete. So bin ich auch erinnert, dass man ihnen Zauberkraft nachsagt. Als Glückskind kann man an soetwas glauben und so verbinden sich solche Momente miteinander durch die Freude, die sich spürbar erinnert und man ist wieder zutiefst dankbar, dass man Zeit in solch schöner Weise nutzte!

Da ist ein alter Baum, in dem ich ein Herz entdecke und lächelnd bin ich erinnert an unzählige Herzfunde in der Natur. Es ist so wunderschön, in Offenheit in der Natur unterwegs zu sein, weil man dann entdeckt, wie viele Blätter von Bäumen und Blüten in dieser Form wachsen, wie viele Steine in dieser Weise auf unseren Wegen zu finden sind oder auch Wolken am Himmel! ER findet den Weg zu unserer Kinderseele, um sich durch unsere Freude zu beschenken! So kann man eine ganz individuelle Verbindung zu ihm aufbauen! Wie wunderherrlich haben es Kinder, die solche Eltern haben und von klein auf in dieser Weise das Glück des

Lebens kennenlernen. Es ist die einfache Weise Freude zu fühlen – man ist eingebunden in das WUNDERWERK Natur und ich kann immer nur wünschen, dass der Mensch sich wiederfindet als fühlendes, beseeltes Wesen, was zur Natur und damit zur LICHTEN Welt gehört!

Siehst du das Herz in diesem Baum und die Harmonie der Farben?

In welcher Jahreszeit ich auch in SEINER Welt der Natur unterwegs bin: Es ist immer schön und besonders! Wie herrlich ist es, einen Baum zu umarmen!

Die Kraft, die ein Baum ausstrahlt und auch die Ruhe, die man aufnehmen kann, wenn man sich in seinem Schatten niederlässt oder sich ihm einfach unvoreingenommen öffnet. Wie oft habe ich erleben dürfen, dass plötzlich ein sanfter Wind in die Baumkrone fährt und es dann so ist, als würde er mir winken mit den Ästen und Blättern – sich freuen, dass man da ist.

Als Kind ist die Welt und das Leben schön, lebendig, überraschend. Wie wundervoll, wenn man sich dieser Welt öffnen kann und GERN Kind IST! Nichts Wesentlicheres oder Wertvolleres kann der Mensch finden!

So gibt es einige von diesen „Baumbrüdern" die ich besonders in Herz und Seele habe und die für mich wie Säulen sind, die miteinander in Verbindung stehen. Es ist nicht nur schön, sondern auch hilfreich in dieser Zeit, in der der Mensch sein inneres Wesen vergessen hat und somit nicht bemerkt, was dies mit ihm und seinem Leben macht! Ohne Achtsamkeit für die Natur bleibt der Mensch sich selbst fremd und bemerkt nicht, dass er kaum mehr Gefühle hat!

Was für ein Wunderwerk! Es ist auch spannend zu erkennen, wie sich in der natürlichen Schöpfung immer wieder Gleiches finden lässt. So wie sich ein Baum verzweigt, finden wir dies auch in den inneren Welten – zum Beispiel sind unsere Adern so verzweigt oder auch die Wasseradern auf und in der Erde. Dies ist schön, wenn man Kindern die Welt in dieser Weise nahe bringt oder man sie soetwas selbst herausfinden lässt.

Doch dafür braucht es Zeit und Raum! Ich lächle über so vieles, weil in meinem Lebensplan unter anderem das Potenzial in meiner Seele ruht, Lehrerin zu sein. Doch welche Art von Lehrerin wäre das? Ganz sicher aus heutiger Sicht eine, die durch und mit der Natur lehrt und belehrt wird! Und in schönster Sicht ist mein Leben die Vorbereitung für die schönste und beste Lehrerin, die man als Mama ist. Und dies ist wiederum auch für all die Kinder möglich, die uns begegnen.

Doch dafür braucht es Mut und die Offenheit der Eltern. Denn in mir erinnert sich immer wieder, dass Kinder der ganzen Schöpfung gehören und dass es ein Glück für die Kinder ist, wenn sie in dieser Freiheit und Liebe aufwachsen dürfen: Offen für alles Natürliche, sich spontan Ergebende!

Wie weit entfernt sind wir von diesem weisen Lächeln?

Wie offen sind wir für ein natürliches Leben, in dem uns bewusst ist, dass uns NICHTS gehört, sondern alles nur für eine gewisse Zeit anvertraut ist, um unsere Seele mit Qualitäten zu bereichern?

Ein Herz… Jemand hat es in den Sand am Strand „gemalt". Ich habe es entdeckt und mich sehr gefreut: Ein Herzglückmoment!

Noch schöner ist es, wenn dies ER für SIE macht oder SIE für IHN oder die Kinder für die Eltern oder wir für unsere gemeinsamen Eltern: Sonne und Erde.

Und wie herrlich, wenn wir gar keine solchen Zeichen mehr brauchen, weil alle natürlichen Gegebenheiten schon genug an liebevollen Zeugnissen sind… so wie ein gemeinsamer Spaziergang am Meer oder eine herzwarme Umarmung, das Streicheln des Windes auf unserer Haut.

Je offener unsere Seele für unseren Himmlischen Vater und SEINE Wunderwelt der Schöpfung wird, umso schöner und fühlbar reicher wird unsere Erfahrungswelt!

Ich sehe dieses Bild und bin erinnert an einen Menschen, der in Polen geboren worden war, obwohl seine Familie aus Deutschland stammte und damit wieder mit der Wahrheit in Kontakt und dem Ziel, dass die Liebe uns einen will – als eine Menschheit auf der Erde unter SEINEM Himmel, damit die Not und der Schmerz ein Ende hat! Er – dieser Mensch – war wie ER, der Himmlische Vater, ausgestattet mit all den Qualitäten, die man nur als Mensch in der Lichtverbundenheit mit Gott und SEINEM Lebnswerk hat! Dieser Mensch war Bruno Gröning, der all das Gute im Wort zu den Menschen brachte, um die Seele wieder in Kontakt zu bringen mit ihrer ewigen Heimat. Dadurch fanden Hilfen und Heilungen in unvorstellbarer Anzahl statt – in der Nachkriegszeit, in der die Not und das Leid nur denen erinnerlich ist, die darin eingebunden waren, obwohl der Mensch als Einheit mit IHM und der Natur nur das ist, was der Schöpfervater selbst ist: Zutiefst liebevoll, friedlich und mit einem kindlich reinen Herzen.

Das Lächeln von diesem großen Menschen trage ich in mir, als das, was er für mich wurde: Ein geistiger Vater, der die grosse Liebe des Himmels zu den Menschen brachte, um zu erinnern, wer wir sind und zu welchen Wundern uns der Schöpfer von Himmel und Erde befähigt! Alles Leid, alle Not und aller Schmerz entstehen nur deshalb, weil den Menschen SEINE – die göttliche Liebe – fehlt und damit die Weisheit für ein natürliches, einfaches Leben in SEINER Ordnung, die von Beginn des Lebens an dieselbe ist!

Ihn stellvertretend anzunehmen als IHN und sich in sein Schicksal hininzufühlen, kann hilfreich sein! Sich für Familien ein durch und durch glückliches und zufriedenes Leben zu wünschen und dafür zu beten, damit alle Seelen wieder frei und fröhlich den Körper bewohnen - um das Leben wieder dankbar wertzuschätzen - war ein Teil meines Weges. Die Basis des Lebens für den Menschen muss die Gottverbundenheit sein. Nur dann werden die Menschen sich bewusst, in welcher Wunderwelt sie in der Natur leben und wie anders es ohne sie ist.

DICH lächeln sehen – nicht nur auf einem Bild, sondern lebend… ! Und DU flüsterst mir zu: „Du findest mich, glaube daran!"
Bruno sagte, bevor seine Seele den Körper verließ: „Wenn ich nicht mehr auf der Erde weile, bin ich überall zugleich!" Das kann nur der Schöpfervater selbst sagen, denn SEINE Energie der Liebe ist immer da – es ist

die Kraft des Lichts - des Lichts der Sonne - die uns findet! Nur ER erhebt uns ins wahrhaftige Menschsein, in dem SEINE Liebe das einzig Wichtigste ist, weil sich in ihr alles zum Besten ergibt und ER uns in die von IHM gegebene Ordnung bringt!

Kind sein ein Leben lang – das höchste Ziel, was ein Mensch haben kann, um mit IHM zu sein und damit glücklich und zufrieden in SEINER Wunderwelt höchster und schönster Harmonie! Und als Kind ist so ein Herz am Strand ein Zeichen von IHM, worüber man auch noch nach Jahren dankbar und glücklich ist!

Dann ist das Leben angefüllt mit schönsten Überraschungen in der Natur und das Lächeln – innen und außen – ist nichts Theoretisches, sondern stets Erlebtes. So spürt man dann eben auch das Lächeln der Natur und so auch die gefühlten Veränderungen der Sonnenlichtqualitäten und die zunehmende

Häufigkeit von Sonnenstunden und Glückskinderfahrungen! Der Mensch neigt dazu, Andenken in materieller Form mit sich zu nehmen – so, wie Muscheln oder Steine vom Strand oder Bilder von dort, wo man war. Je weiter sich die Seele für IHN und das Sein als Seele in SEINER Energie öffnet, um so mehr kann man sich einfach nur freuen an dem, was man wahrnimmt und braucht keine Sammlungen oder die „Jagd" nach oder für etwas.

So wird man für IHN das, was man heute in so vielzähliger Weise in Apparaturen zu finden sucht. Bilder und Geschehnisse erhält der Himmel dann direkt durch unser bewusstes Einlassen auf IHN und Seine wundervolle, natürliche Welt – Hilfe und Heilung kann dann schnell und auf direktem Weg geschehen! Dann wird uns das Leben wieder heilig und so auch jeder einzelne Lebensmoment!

Damals war es Bruno Gröning, der durch das Wort die Weisheit zu den Menschen brachte und nun ist es Braco, der die Stille als Basis der gesamten Schöpfung erinnert, damit ein harmonisches und zutiefst mit Liebe erfülltes Miteinander der Menschen mit der Natur und auch mit anderen Welten im Universum wieder möglich wird! Die Hilfe des Himmels ist immer angepasst an die Ursachen der weltweiten Störungen und seelisch-geistigen Errungenschaften. Nur als Einheit von Seele und Körper kann der Mensch begreifen, wie er mit der Natur im Einklang ist und wie fern er sich selbst ohne die Natur ist! Wie feinfühlig die Natur für unsere Energie ist, kann der Mensch nur durch eigene Erfahrungen herausfinden und so auch, wie anders das Feingefühl für sich selbst und die Schöpfung werden kann. Dafür braucht es unser Einlassen darauf und somit Zeit und die Möglichkeit dafür. Dadurch, dass der heutige Mensch immer mehr abgelenkt ist, von der Wirklichkeit des Mensch Seins, kann diese Entwicklung in die schöngeistigen Gefilde kaum mehr stattfinden!

Ich lächle, weil ich mich erinnere, dass auch ich von all dem wirklich Schönen abgelenkt war und mehr funktioniert habe im Interesse anderer, denn für meine Seelenentwicklung und damit für die Öffnung für IHN, dessen Wunderwerk mir nun mehr als ALLES bedeutet! So ist dies auch mit der Ordnung und Herrlichkeit, die SEINEM vollkommenen Werk zugrund liegt! Ohne IHN ist der Mensch fernab all der Möglichkeiten, die das Grosse Im Lebenswerk ausmachen: Das Erspüren und Fühlen dessen, was uns durch IHN gegeben wurde und was für ein Himmlisches Instrument unser Körper ist!

Wann hast du zum letzten Mal deinen eigenen Körper erfühlt und gespürt – in all seinen Bewegungsmöglichkeiten, zu unhörbaren Melodien und wachsendem Feingefühl? Für mich ist es die Basis für eine gewünschte Lebensgemeinschaft oder dem Wunsch für ein Kind. Denn gerade das Feingefühl und die Offenheit all der uns gegebenen Sinne machen das

Leben als Mensch erst lebenswert, weil man dann eingebettet in SEINEM Traum, in der Herrlichkeit SEINER Natur und Geschöpfe, das Leben erlebt! Nichts Grossartigeres kann es geben, als in IHM und SEINER Welt wieder Heimat zu finden. Dann wird das Geräusch von feinem Regen im Blattwerk der Bäume wieder zu einer schönen Melodie, ein einzelner Tropfen Wasser zu ewas Kostbarem und auch zu dem, was uns innrlich und äußerlich gesund und schön erhalten kann, wenn es mit dem angereichert ist, was nur ER und die Natur uns geben kann! Ein einziges Bild kann der Anfang für hilfreiche Gedanken sein, die ER uns schenkt und auch Erinnerungen an schöne Erlebnisse, die uns lächeln lassen. So bringt sich gerade eine Begebenheit in der Badewanne in Erinnerung, als ich die verschiedenen Bewegungen im Wasser beobachtete. So waren dies auch einzelne Wassertropfen, die erst an meinem Bein waren und sich plötzlich auf den Weg zum Wasser in die Badewanne machten.

Ich konnte sie nicht nur sehen, sondern auch fühlen. Für ein Kind ist soetwas spannend und bedeutsam – auch deshalb, weil wir Menschen oder ihre Seelen so betrachten können. Bleiben wir im Massenbewusstsein gefangen oder werden wir durch IHN und SEINE Liebe wieder EINS mit all den natürlichen Elementen, weil ER und SEIN Lebenswerk uns wieder das Wichtigste geworden ist: ER als die Nummer 1 in unserem Dasein – das Tor ins Licht! Ohne IHN wissen wir nichts von Bedeutung und das Leben ergibt keinen wirklichen Sinn. Doch unser Himmlischer Vater erhebt uns in SEINE Welt der Freude, in der wir auch IHM zur Freude leben wollen, weil ER uns wieder so wichtig geworden ist, wie es einst ganz natürlich war!
So finden wir über die Liebe zu IHM auch die Liebe zur Natur und zu uns selbst, zum Wert einer Familie in dieser grossen Liebe, die in der kleinen individuellen Schau den gleichen Wert hat, wie in der Sicht auf die gesamte

Weltfamilie, in der das Helfen Ausdruck der Liebe ist und an keine Gegenleistung gebunden sein darf.
Die Liebe ist Freude und die gesamte natürliche Schöpfung ist Ausdruck des Gebens und somit Vorbild für Jedes menschliche Wesen!

Eine Bank im Sonnenschein. Mit wem würdest du gern dort sitzen und wofür? Das Herrliche am Mensch sein ist, dass der Fantasie keine Grenzen gesetzt sind und dass es Freude machen kann, sich Kraft der Imagination in solche Träume hineinzuversetzen und auch zu beobachten, wie sie sich verändern. Es kann auch sein, dass man dann gar keine Bank mehr möchte, sondern sich direkt ans Wasser setzen wollte oder an einen Baum, an dessen Stamm man sich anlehnt. Es ist so wichtig, dass man sein Glück an nichts Bestimmtes bindet und mit sich allein ebenso froh sein kann! Denn nur so kann man begreifen, dass man innerhalb der Schöpfung unseres Himmlischen Vaters niemals allein ist! Und dann lächelt man über so viele Momente, in denen man einsam war oder man den Hundertsten Schritt vor dem Ersten machen wollte...

Lächelnd wird man offen für die Welt des Kindes, das ER selbst ist und auch sein möchte. Die natürliche Freude ist an nichts sonst gebunden, als die Einfachheit innerhalb der Natur. Auch wenn ER perfekt und vollkommen von Beginn an ALLES in einer uns uneinsehbaren Ordnung erschaffen hat, so können wir doch niemals SO perfekt und vollkommen als Mensch sein! Und das macht das Leben in SEINER Harmonie dann so schön. Doch so richtig schön und einfach wird das MenschSEIN erst dann, wenn wir wieder HEIMAT finden in SEINER Welt und SEINER Liebe, die fernab all der „weltlichen Triebe" in der Reinheit eines Kinderherzens die Basis für ein wahrhaft glückliches Miteinander findet!

Vergiss mein nicht!

Gibt es Menschen in deinem Leben, die dich so nachhaltig berührt haben, dass du auf ewig mit ihren Seelen verbunden sein möchtest? Hast du in anderen Spuren der Liebe hinterlassen in der Weise, dass ihre Seelen sich öffen konnten oder können wie Blumen?

Unser Verständnis für das Leben braucht die Ausrichtung darauf, dass wir ALLES klären und bereinigen müssen in unserem Leben, damit unsere Seelen FREI sind von Dunkelheit.

Dafür braucht es unsere Offenheit für die begrenzte Lebensdauer eines Körpers und das ewige Leben der Seele. Wir brauchen unsere bewusste Verbindung zum Licht und unser Verständnis dafür, was uns LEBEN und diese Verbundenheit mit der Natur beibehalten lässt!

Auch wenn wir andere nicht sehen in persönlicher Weise, können wir doch fühlend eine Verbindung herstellen und in dem wir ihnen Zeit widmen! In der Natur besteht alles aus Energie und so wir das LICHT und damit die LIEBE und all das FEINE Gefühl nähren, sind wir in vielerlei Weise dem Lächeln nah und werden auch gern lächeln - so manches Mal spürbar mit anderen Seelen und IHM!

Heute, an einem sonnendurchfluteten Novembertag, war es das Herrlichste für mich, DEIN Goldenes Licht auf mich scheinen zu lassen. Still auf einer Treppe sitzend, spürte ich es rings um mich fließen und ließ es auch wieder über meine Augen in mich hinein. Wie wünsche ich, dass es mir andere Menschen gleichtun, um zu spüren, WIE herrlich und wohltuend diese Verbundenheit mit DIR – Gott Vater – ist! Dann sah ich ein kleines orangefarbenes Blümchen im Areal, wo mein lieber Baumfreund – eine Platane – steht. Meine Hände hatten diese Pflanze dort in den Boden gegeben und immer noch schenkst DU mir damit ein Lächeln und ein Gefühl von Verbundenheit! So machst DU mich lächelnd, wenn ich den Baum umarme und EINS werde mit der Natur. Mann kann so erahnen, was die Seele ist und wie es ist, wenn wir den Körper verlassen: Energie IM Feld DEINES Lichts, welches so immens gross und wunderschön ist, dass keine Vorstellung immens genug ist, um es zu erklären.

Weilt man in dieser Verbundenheit ist da sonst nichts als dieses herrliche Licht und die Schönheit die DU mir bist! Auf meinem Weg schenktest DU mir

Glückskindzauber: Denn Ende November erblühte Mandelbäumchen zu sehen, ist der Zauber, den nur DU zu verschenken hast und mit DIR unsere gemeinsame Mutter – die Erde! Ein Zweiglein nahm ich mir mit und erfreute mich an den sanften, zarten rosa Blüten und wünschte mir, dass es noch andere Menschen gibt, die sie entdecken an den Bäumen und diese kindliche Freude spüren!

Sie sind in etwa so, wie diese Blüten, nur haben sie nicht so viele Blütenblätter. Seit ich ohne Kamera durchs Leben gehe und nur noch meine Augen Bilder aufnehmen, ist es anders schön! Das Gefühl ist feiner für DEINE Werke – sie erhalten mehr Zeit und Raum und so auch mehr bewusst erlebte Freude. So geniesst man still und lächelnd solch besonderen Momente!

Wie kann man DIR danken für all das Wunderschöne, was unsere Augen in der Natur erschauen, die Ohren erlauschen und Nase und Mund an Köstlichkeiten genießen dürfen? Ich fühle, dass unsere Freude der schönste Dank für DICH ist und es das ist, was uns DIR am nächsten bringt. Und damit ist DEIN Licht in unserer Seele!

Da ist ein Hund, der sich an mich schmiegt und sich streicheln lässt und der mir bewusst macht, wie sehr uns all das fehlt. Denn einst waren wir in stetem liebevollem Kontakt mit DEINEN Geschöpfen und unserem von DIR erschaffenen Lebensraum. Da war im Menschen noch das reine Gute und so auch im Tier, welches die Güte und

Weisheit in der Menschenseele spürte.
Da ist ein kleiner Junge der langsam das
Treppen steigen übt und mir sein
herzliches Lächeln schenkt, weil ich warte
und darauf vertraue, dass er es schafft.
DEIN Lächeln ist all das, was unsere Seele
berührt und öffnet für die Schönheit des
Lebens in Achtsamkeit.

Da ist der Wind, der mich streichelt und
mir zuflüstert, wie lieb DU mich hast. All
das lässt mich die Leichtigkeit des von
DIR erschaffenen Lebens wieder fühlen.

Da sind Blüten, die sich aneinander
schmiegen und mich lächelnd an das
erinnern, was wir Menschen viel zu oft
vergessen – die heilsame, kindliche
Zärtlichkeit, die wir ein Leben lang
brauchen und uns so oft vorenthalten.
Was wissen unsere Seelen noch vom
paradiesischen Miteinander, dass doch

auch jetzt möglich ist. Die Natur ist SEINE Welt, in der wir all das finden, was uns wieder zu fühlenden, schönen Wesen macht. Und ich spüre DEIN Lächeln und weiß, dass die LIEBE und Verbundenheit die Wichtigste und Wesentlichste ist, die ein Mensch haben muss!

DU bist der Ursprung des Lebens – DEIN Licht hält alles in Harmonie und Balance. DU bist es, dem ich mein Leben zu verdanken habe und somit auch jeden einzelnen Herzglückmoment. Das ist so, weil ALLE guten und liebevollen Gaben einzig von DIR gegeben sein können, denn DU bist es, der in ALLEM Leben das Heilvolle ist und bleibt! Du gibst auch durch unsere Hände. So wie wenn wir bei Trockenheit Wasser zu den Blumen geben oder ein Feuer löschen. Dann handeln wir in DEINEM Sinn, um der Natur und damit DEINEM Lebenswerk zu dienen!

Ich lächle über all die kleinen Handlungen, die ich wie ein Kind getan gehabt hatte, um mich DIR und der Natur zu nähern. Wie gern hätte ich einmal nur alles wachsen lassen, wie es wachsen mag, um zu erkennen, was ein Garten mir durch das, was wächst, sagen mag! Hin und wieder war es für kurze Zeitabschnitte möglich, bevor andere etwas taten, was dann diese überraschenden Blicke nicht mehr möglich machte. Und so sind es dann die Spaziergänge in DEINEM großen Garten, in dem ich sehend werde für DEINE Wunderwerke und was DU erscheinen lassen kannst, außerhalb der künstlich erschaffenen Zeiteinteilungen. Denn in der Herbst- und Winterzeit Blumen des Frühlings erblühen zu lassen in der freien Natur, das kannst nur DU!

Ich lächle… weil die Liebe zu DIR etwas so Großes, Wunderschönes und mir Heiliges geworden ist! So ist ein Zweiglein in einer Vase gerade die Verbindung zu DIR am frühen Morgen –

wie sanft und zärtlich die Liebe ist, die DU zu den dafür offenen Seelen sendest!

Ich bin dankbar für all diese wunderschönen Momente und wie DU DICH in und an uns erinnerst an das Grosse Leben und die Wunder darin!

Da ist die Erinnerung an unzählige Stunden in der Natur, um solch herrliche Geschöpfe wie die Störche zu beobachten und nie wird das einem Kind, das mit DIR verbunden ist, zu viel!

Wie kann es etwas Schöneres und Bermerkenswerteres geben als all das, was DU erschaffen hast!?

Solch einen großartigen Vater haben wir alle, denn wir sind alle SEINE Kinder! Und wie viel von dem, was wir einst in SEINER Weisheit taten, tun die Tiere heute in achtsamerer Weise! Es ist das dankbare Lächeln, welches ich DIR schenke, wenn es noch Naturareale gibt, wo sie ganz in Ruhe leben dürfen und auch die Menschen, die dorthin finden, ihnen und damit sich selbst diesen Frieden gönnen!

Es ist die Hingabe an sie, die so wunderschön sind und damit auch an DICH und DEINE wunderschöne Seele! Es ist mein Lächeln, wenn ich DICH Träumer nenne und mir wünsche, dass wir Menschen wieder so werden wie DU: Dem natürlich Schönen zugewandt – zufrieden und glücklich über all die Geschenke in DEINEM heiligen Land! Denn was für eine schönere Welt kann es geben, als die, die DU für uns und damit auch DICH und DEINE Gemahlin erschaffen hast!

Ich fühle DEIN Lächeln, wenn DU mich erreichst, um mich wissen zu lassen, dass DEINE gegebene Ordnung eine ganz einfache war. Diese Ordnung bringt den Menschen in die Achtsamkeit für die Gefühle und auch für von DIR geschützte Naturareale, weil ALLE Geschöpfe von DIR geschätzt und liebgehabt werden.

Nur in DEINER Liebe nimmt der Mensch wahr, was uns als Mensch höchster Güte LEBEN und DEINE Welt als die einzig wahrhaftige Wirklichkeit anerkennen lässt.

Da sind die verschiedensten Tageszeiten, in denen DU uns mit so viel Herrlichkeit beschenkst! Und so viele Bilder erinnern mich an die vielen Zeiten, in denen ich mich selbst beschenkte, weil ich meine Aufmerksamkeit dahin lenkte, wo das Glück Mensch zu SEIN, sich uns schenkt!

Zum Wasser zieht es uns hin, weil wir ohne Wasser nicht leben können!
Da sind wieder die Schwäne, die mich an das Edle und Feine in der Menschenseele erinnern und an ihren leisen Gesang in den frühen Morgenstunden.

Da ist das glitzernde Wasser – der natürliche Lichterzauber – mit dem nur DU uns beschenken kannst. Und lächelnd erinnert sich mein steter Wunsch: EINEN Menschen an meiner Seite zu haben, der all dies ebenso empfinden kann, wie ich. EINEN Sohn, der so wie DU ist – so, wie ich DICH empfinde in dieser steten, berührenden und der Seele hilfreichen Art!
Und auch das gute Gefühl, dass DU IMMER hilfreich sein kannst, weil DU ALLES Leben erschaffen hast und daher weißt, was in die Ordnung finden muss.

Ich würde Dir so gern etwas ganz Besonderes schenken und weiß doch, dass es immer DU bist, der uns beschenkt… mit Ideen und all dem, was es für deren Umsetzung braucht.
Und doch spüre ich, wie schön es für DICH ist, wenn wir erkennen, dass das fühlende DASEIN in DEINER Wunderwelt uns mit den höchsten und schönsten Gefühlen beschenkt!

Da ist ein Goldener Herbsttag, an dem der Wind das Laub sachte zur Erde rieseln lässt und meine Freude, mich unter die Bäume zu stellen oder durch das raschelnde Laub zu tanzen. Und dann ist auch die Traurigkeit, dass all das Kindhafte, Fröhliche meistenteils verloren ist und damit das natürliche, ursprüngliche Leben.

Doch es ist nur die Seele, die verschlossen ist. Denn wenn sie wieder von DEINEM Licht erweckt, WILL der Mensch als ein ewiges Kind LEBEN, weil es nichts Herrlicheres und Beglückenderes gibt!

Da sind Berührungen mit neuem Leben, welches uns in Verzückung geraten lässt und auch den Wunsch wachruft, es zu beschützen.

Es ist das Fühlen der Seele im Kleinen, wie im Grossen, was den Menschen zu DIR bringt! Wie beglückt bin ich immer wieder, mir für solcherlei Beobachtungen und Betrachtungen Zeit genommen zu haben.

Es ist immer wieder aufs Neue aufregend schön und regt in uns die Zärtlichkeit an, die wir auch für uns selbst, unseren Partner und die Kinder brauchen, die mit uns und rings um uns sind. DU lenkst unser Gefühl immer wieder dahin, dass ALLES miteinander im Zusammenhang lebt und ALLEM eine nur DIR ersichtliche Balance und Harmonie innewohnt!

Ist der Mensch wieder in DEINEM Licht geborgen und von DEINER Klarheit in Seele und Körper geführt, ist man dankbar, dass DU hoch über uns stehst und wir Kind SEIN dürfen in dieser Wunderwelt, in der DU den Überblick in ALLEM und über ALLES behältst!

Auch wenn man in der heutigen Zeit kaum mehr daran glauben kann, so ist und bleibt es doch wahr, dass die NATUR seit dem Beginn des Lebens das Wesentliche geblieben war, was ER erhalten hat, wenn der Mensch nicht fähig war, sich SEINER Ordnung anzuvertrauen und ein friedvolles MITEINANDER als das wichtigste Anzeichen des Mensch SEINS anzuerkennen.

Die Liebe ist wie das Leben eine Himmelsgabe, die sich durch das Gefühl für das, was sich in uns und um uns abspielt, zum Ausdruck bringt.
Ein fühlender Mensch WILL helfen in richtigster Weise und kann dies nur in SEINER Weisung und Ordnung, damit die Balance in SEINER Schöpfung gewahrt bleibt und SEIN Wirken wieder offenbar wird!
Die Freude ist der schönste Ausdruck der Liebe und des Lebens – sie zeigt sich auch, wenn etwas wieder in Ordnung kommt, so wie eine Hilfe aus heiterem Himmel und wenn der Mensch wieder heil und gesund werden kann!

ER erinnert uns, welch edlen Werte und Eigenschaften ein Mensch in SEINER Liebe hatte und immer wieder erlangen kann. ER ist uns gern behilflich, damit die Schöpfung wieder in höhere, schöngeistige Gefilde gelangen kann!

Was macht eine schöne Seele aus? Ich lächle, weil es dafür zu viele Antworten geben kann. Und doch kann uns das betrachten eines solchen Bildes schon Antwort finden lassen. Kannst du darin dieses „Etwas" fühlen... den Zauber des Lebens, der sich in einem Wassertropfen offenbaren kann, in einer geöffneten Blüte oder auch schon in dem Gedanken daran, eine Blume zu pflanzen, die einem anderen Menschen Freude schenken kann?!

In einem einzigen Wassertropfen kann so viel enthalten sein, dass man dadurch erwas Heilen kann.

Nur ER und SEINE Liebe sind absolut und daher kann auch nur ER uns in bester Weise helfen!

Wenn der Mensch sich daran erinnert und SEINE Schöpfung wieder in liebevolle Obhut nimmt, sind wir schon in einem ganz neuen Leben angekommen – dem, in dem wir uns im Anderen erkennen und uns nicht mehr über andere stellen oder uns klein machen lassen, obwohl wir alle den gleichen Ursprung haben!

Uns wieder als Kinder zu sehen in einem wachsenden, natürlichen Werk, in dem wir wieder offen werden für das, was ER uns in achtsamer und uns dienlicher Weise lehrt, bringt uns wieder dem LEBEN nahe und so auch der natürlichen Freude!

Dann sind wir erinnert, wie viele Sorgen und Fehler wir unnötigerweise machten und wie wichtig es ist, dass wir in liebevoller Weise aufeinander achten.

Ja dann sind wir auch erinnert, dass niemand das Recht hat, über andere Lebewesen zu bestimmen und dass die Seele des Menschen Raum braucht, um sich zu zeigen und zu erblühen!

Da sind Begegnungen mit diesen herrlichen Geschöpfen, die sanft und zugleich voller Kraft sind und die Gebete, dass man in SEINER Liebe mit ihnen umzugehen lernt!

Nur eine offene Seele spürt, wie man mit ihnen ist und womit man ihrem Wohlbefinden dient. Da ist der Raum, den ich mit ihnen so manches mal teilte, um sie in Ruhe zu beobachten. Schau, wie viel Zeit sie brauchen, bis sie mit ihren Zähnen die Grashalme abgerupft haben, um ihren wesentlich größeren Magen zu befüllen und satt zu werden.

Und gerade deshalb strahlen sie einen so großen Frieden aus. Und lächelnd geht dann der Blick zu den heutigen Menschen, wie sie sich verhalten in Hast und Eile und wie sie ihre Körper ohne Sinn belasten mit viel zu viel von dem, was er nicht verwerten kann!
Doch der Mensch lebt im freien Willen und ER kann uns nur dann weise führen und unterstützen, wenn SEINE Liebe und Weisheit unsere Seele erreicht! Es ist immer wieder der Blick in die Augen, der mich besonders berührt und doch auch das Staunen über SEINE Fantasie bei der Erschaffung all der verschiedenen Geschöpfe und wie innerhalb SEINER Schöpfung ALLES Sinn hat und sich immer wieder so Faszinierendes und Herrliches ergibt!

Es ist meine Offenheit für IHN – als ER zur Erde kam, um zum ersten Mal all diese Wunderwerke selbst in Augenschein zu nehmen und auch, wie ER sich wohl fühlte, als er sich ohne Sattel und sonstige „Hilfsmittel" auf eines dieser edlen Wesen setzte und sich durch SEIN Heiliges Land bewegte!

Von diesem Ersten geht der Blick dann zu all Jenen, die SEINE Welt so lieben und wertschätzen, wie ER selbst und sich dafür einsetzen, dass sie uns wieder in bester Qualität zur Verfügung stehen möge!

Es ist die Sicht auf die Einheit zwischen Himmel und Erde, Mensch und Natur – der Mensch als das genießende Element in SEINER Wunderwelt, von der nur noch wenige überhaupt eine leise Ahnung oder Vorstellung haben.

Lächle und bete für all das Gute, damit es in der Menschenseele wieder Kraft und Raum gewinnt!

Was ist uns heute ein Baum… was seine zauberhaften Blüten, seine köstlichen Früchte, der Sauerstoff, den wir einatmen mit herrlichen Düften, der Schatten, den er spendet und auch die Energie mit verschiedenen Qualitäten, die ER uns durch diesen Baumbruder schenkt?

Was kann uns wichtiger sein als all das, was wir ohne etwas geben zu müssen, geschenkt erhalten? Wie gehen wir mit all dem um, was uns ALLEN gehört?!

Es ist nicht egal, wie wir uns IHM und SEINER Schöpfung gegenüber verhalten!

Es ist wichtig, dass wir uns besinnen auf das, was wirklich wichtig ist für unsere Seelen und Körper und somit auch für alles andere Beseelte!

In der Natur finden wir immer eine ganz Natürliche Harmonie an Farben und eine Ausgewogenheit, die uns nur noch selten ersichtlich und spürend erkennbar ist.

Die SEELE ist es, die uns ALL unsere Sinne öffnet, wenn sie von SEINEM Licht wieder erfüllt und durchflossen ist. Die Harmonie der Schöpfung ist nur durch SEIN Licht gegeben, erinnert und gefördert.

Das, was den Menschen noch geblieben ist, sind Überreste aus Zeiten, wo man die Seele aus dunklen Geschehnissen durch erschaffene Kunstwerke in Bild, Melodien, Texten, Bauwerken, kulinarischen Genüssen herauszuführen versuchte. Doch die höchste Daseinsweise des Menschen kann nur in den heilsamen Klängen und Erscheinungen der Natur begreifbar und erlebbar werden! Nur hier werden wir uns bewusst, was alles herausgenommen werden muss aus SEINER Schöpfung, damit aus der Stille SEINE harmonische, schöngeistige Welt wiederauferstehen kann und der Mensch IN IHR!

In SEINER Wunderwelt gibt es keine Gebrechen und kein Leid, weil sich der Mensch dann in dieser sanften, achtsamen Weisen innerhalb dieser Schönheit zu bewegen weiß! Dann braucht es keinen vorgegebenen Takt, um ein Gefühl für Harmonie und alles Heilsame in der Bewegung des Menschen und all SEINER Geschöpfe zu bekommen.

Das LEBEN ist ein Heiligtum und so auch JEDES Leben, was in SEINER Ordnung und Harmonie entstehen und leben kann! Das Leben ist IHM auch jetzt lieb und wert, doch wegen des freien Willen des Menschen und seiner „falschen" Schaltung, kann ER uns kaum mehr in richtigster Weise behilflich sein, um unsere Irrtümer zu erkennen und IHM nur zu vertrauen!

Nichts Herrlicheres und Hilfreicheres als die Natur kann es für den Menschen geben. Und wenn wir nicht wieder hineinfinden in die Wahrheit, dass nur die NATUR uns durch IHN und mit IHM ein glückreiches Leben geben kann und somit auch die Hilfe, die wir für Seele und Körper brauchen, ist der Mensch verloren für IHN und die Welt, die uns einst das Liebste war!

Die SEELE ist es, die über den Körper mit uns spricht und damit auch mit IHM! Lächeln wir noch an einem sonnigen Tag zu IHM dankbar hinauf? ER gibt uns das wichtigste Licht für unsere Seele und damit die einzig richtigste Sicht auf das Leben!

Ein Feld satten Gelbs – pure Lebensfreude! Ist der Mensch mit all den natürlichen Kräften versorgt, braucht es für den Körper gar nicht so viel, was wir heute noch denken!

Ohne etwas künstlich Erschaffenes wird es dem Menschen immer besser und besser gehen! Vertiefe dich in ein solches Bild und dann finde eine Entsprechung in der Natur, wo du selbst Erfahrungen machen kannst, wie WOHL es tut, mit der Natur in bewussten Kontakt zu kommen.

Wie herrlich ist es, frei frische, duftende Luft einzuatmen, den Wind zu spüren und die unsichtbare Umarmung des Lebens durch die wärmenden Sonnenstrahlen.

Wie wunderschön ist es, wenn sich ein Blumenfeld im Wind bewegt und man sich Zeit nimmt, zu beobachten, was sich in den Baumwipfeln alles regt, welch schöne Geräusche uns dort beglücken, wo sonst nichts ist, außer Stille im Hintergrund!

In der Natur ist ALLES wichtig, weil es EINE gesamte Welt ist, die in Kommunikation steht, die auch für uns Heil bringend wirkt, wenn sie von uns so angesehen und angenommen wird!

Ich lächle… weil ich mich darauf eingestellt habe, dies alles zu anderen Menschen zu bringen.

Wie wünsche ich mir, dass wir wieder an all das Gute erinnert sind und wie wunderbar es wäre, wenn wir gemeinsam am Morgen und am Abend draußen bei IHM in SEINER Welt sind, um IHN in Freude zu begrüßen und dankbar zu verabschieden.

Wie oft hast DU mich wohl bemerkt in DEINER Welt, dich über mich gefreut und mir etwas in den Weg gesandt, was ich vielleicht gar nicht bemerkte.

Wie viele Momente des Glücks gehen uns verloren, weil wir SEINER Welt keine oder zu wenig Aufmerksamkeit schenken.

Wie viele Augen haben uns schon gesehen und wie viele davon waren in DEINER liebevollen Schau?

Es ist schön, das Leben in dieser Weise anzusehen, damit wir SEINEN Weg gehen und somit unserer Seele und unserem Körper Wohlergehen schenken!

Dann taucht ein Bild auf, wie dieses…
und der Wunsch, dass ER uns beschützen
möge!

Ich bin erinnert an die schöne Sicht auf
die Weggefährten, die Frau und Mann in
SEINER Liebe einander sind. Ein Mann in
SEINER liebevollen Herrlichkeit ist das,
was mich immer wieder so tief berührte
und mich in SEINEN Menschheitstraum
hineinführte: SEINE Sicht auf die Frau
und WIE VIEL sie IHM bedeutet und so
auch die Familie!
So sind es immer wieder auch meine
Gebete, die mich das Lächeln in Seele

und Gesichtern der Menschen sehen und fühlen lassen möchte. Es ist der Wunsch, dass all das Sanfte und Edle in unseren Seelen zutage kommt und wir uns mit IHM wieder verbinden, damit das Goldene Licht uns wieder erfüllt und einhüllt als natürlicher Schutz!

Es ist die liebevolle Güte, in der man sich wieder einleben und willkommen fühlen möchte – ein Leben in wahrhaftiger Menschlichkeit, in der wir in Würde IHM zu Ehre und zum Dank leben als IHM ähnliche, fühlende Wesen.

Ich sehe die Schwäne sich bewegen… tanzen zu einer nur IHM hörbaren Melodie und möchte mit IHM so tanzen und mich in Harmonie bewegen, sodass ich mich absolut wohl und EINS mit der Schöpfung fühle.

Ich möchte EINEM all das schenken, was ich zu geben habe durch all das, was meine Seele nie „ausleben" konnte –

sanfte Berührungen und so vieles, was sich mir in Tagträumen nur schenkte!

LEBEN… ohne SEINE Liebe ist es nicht möglich, dass die Seele erblühen kann und für mich ist dies das Einzige, was ich ein dem Menschen würdiges Dasein nennen mag! Denn nur die Seele weiß uns in bester Weise zu führen und dann ist es immer ER und SEINE schöne Energie, die das tut!

Seele und Körper sind SEIN Eigentum – durch IHN erschaffen! Wir sind es, die uns erinnern müssen, damit wir wieder voll und ganz im Frieden der Schöpfung Heimat finden und lächelnd anerkennen, dass es uns mit IHM wohlergeht und die Natur der grösste Schatz für uns ist!

„Ich sehe DICH, geliebter Vater, in all diesen wunderschönen Geschöpfen und DEINEN Heiligen Ländereien, in denen sie sich bewegen! Ich möchte DICH ihnen – den Ungläubigen - nahe bringen und DICH gleichzeitig auch beschützen und weiß doch, dass dies nicht möglich ist. Ich bin DEIN Kind und muss doch so vieles tun, was DIR und DEINEM Lebenstraum absolut unwürdig ist und im Gegensatz zu dem steht, wie ein Mensch in DEINEM Sinn leben darf und soll! Ich möchte Kind sein und soll doch in einer Weise existieren, die man „Erwachsen sein" nennt!"

Wie gern möchte ich in die Natur gehen und dort leben, weil sie uns umarmt und vorurteilsfrei annimmt, wie wir sind. In ihr finden wir zu Weisheit, die unser Leben schützt und uns in einer Weise belehrt, dass dies zu einer natürlichen Achtsamkeit führt!
In der Natur ist alles einfach und so könnten auch wir wieder in dieser Einfachheit Heimat finden und uns zufrieden und glücklich mit Einzelnem und immer Weniger fühlen.

Menschen, die sich auf solche Wege begeben, lächeln oft rückblickend, was man für unverzichtbar und so wichtig hielt.

Bewegung ist wichtig, um nicht träge zu werden und zu bemerken, wie überraschend schön das Erleben ohne Zeitdruck und Pläne ist!

Die Schwäne haben es schön. Sie haben ihr Aussehen und ihr Federkleid ihr ganzes Leben lang. Sie brauchen sonst nichts, weil die Federn sich erneuern. Wie herrlich wäre ein Leben, wenn wir uns in dieser Weise anpassen würden und wir alle hätten ganz individuelle Kleidung, die uns unverwechselbar macht. All das Viele ist unnatürlich und für die Natur absolut störend, weil es nicht mehr in natürlicher Weise von der Erde verarbeitet werden kann.

Was macht einen Menschen wirklich schön? Es ist doch gerade die Individualität, die wir nicht erkaufen können und letztlich auch von niemand anderem annehmen sollen.

Die Seele führt uns zur richtigsten Sicht auf das Leben und damit auch, wohin wir uns bewegen! Nur FÜHLEND wird sich der Mensch dessen gewahr, durch wen das Leben gegeben!

„DEIN Licht erhebt mich innerlich und NICHTS war mir je so wertvoll, wie DU und meine Gefühle für DICH und DEINE Welt!"

Da ist mein lächelnder Blick zu Formen wie dieser, durch die man immer wieder in DEIN Lebenswerk hineinfindet… wie sich alles in DEINER Zeit entwickelt und dann uns zur Freude und auch dem Leben anderer dient – wie hier die Bienenweide den Bienen!

Und dann lächle ich wieder mit der Sicht auf ein Leben ohne die Benennung von irgendetwas – wie schön es ist, zu schweigen!

Ja ich lächle über all das, was man sich als Wissen aneignen musste oder es wollte und wie weit es uns vom ursprünglich schönen Leben wegbrachte!

Einmal nochmal Kind in DEINER vollkommenen, sanftmütigen Liebe sein – DU in Mutter und Vater als Mensch dieser edlen Werte, in einem freudvollen Leben, in dem die Seele in herrlichster Weise erblühen darf! Ist es möglich? Ich möchte daran glauben!

Und es erinnern sich mir Gesichter, liebevolle Szenen in meinem Leben, die mich festhalten lassen an DEINEM Menschheitstraum!

Es MUSS eine Möglichkeit geben, dass DU wieder GANZ in Freude da sein kannst – DU in allen Menschen, geeint durch DEINE Liebe, das Licht der Sonne.

Es ist der Blick hin zu einer Rose, die sich DEINEM wärmenden Licht vertrauend vollkommen geöffnet hat, um ihren Duft zu verströmen und ihre Innenwelt zu offenbaren!"

Wann ist eine Rose am schönsten und wann ein Mensch? Wer kann darauf Antwort geben?

Unsere Sicht auf das Leben ist ohne SEINE Liebe viel zu begrenzt! SEINE Welt umfasst das Unsichtbare und das Sichtbare und doch nehmen wir so wenig von dem wahr, wofür dem Menschen

Sinne geschenkt sind! Nur noch wenig davon ist bekannt und nutzbar, weil SEIN Licht unsere Seelen nicht mehr in dieser Weise öffnen kann, wie die der Rose!

Wie herrlich, wenn Menschen wieder in SEINER grossen Liebe und Ordnung leben werden und sich so in dieser Weise unterstützen und zu öffnen wissen, damit ihre Seelen leuchten, erblühen und in SEINER Freude zu etwas werden, was sie vorher niemals wissen können!

Was für ein Wunderwerk das von IHM erschaffene Leben wirklich ist? Es erinnert sich mir nur spürend und erweckt in mir immer wieder die Sehnsucht, dass wir uns in Frieden als EINE Menschheit in SEINER Liebe vereinen, damit es wieder möglich wird, dass wir all die feinen Sinne erinnern und erwecken und SEINE Schöpfung kennenlernen!

Wie schön ist es, sich den Werken unseres Vaters zu widmen - wie viele winzige Details sie haben, wie sie sich anfühlen, verändern, wo sie wachsen und gedeihen.

Die Natur ist der schönste Spielplatz für alle und wenn wie in der zärtlichen Liebe ankommen, ist uns alles wie ein Wunder, das Schutz braucht und wir spüren SEINE schöne Seele und auch die Klarheit und Perfektion in Allem, was aus SEINER Harmonie entstehen durfte!

Manche Blüten sind so, als würde in ihnen ein Tanz stattfinden. Die kindliche Fantasie hat so viele schöne Ideen zu etwas. Wie wundervoll, wenn Eltern offen genug sind, ihre Kinder so aufwachsen zu lassen, dass sie ihnen nicht ihre eigenen Ideen mitgeben, sondern sich von den Kindern – von dem, was sie sehen – beschenken lassen.

So wird die Stille dann immer wieder bedeutsam und damit Erklärungen eher störend. So kann man sich durch Zeit und Raum, den man sich selbst und ihnen schenkt, auch beobachten, was sich uns zeign mag an dem, was sich in den Blütenkelchen einfindet oder sich von ihnen löst… es ist sooooooo schön, sich für dieses Wunderwrk zu interessieren – im Kleinen ebenso, wie im Grossen!

Wie wunderbar ist es auch, dadurch zu erkennen, worin wir uns gleichen, welche Talente uns Fähigkeiten in der Seele zeigen und wie das Licht der Freude all das Schöne in uns und um uns verbindet!

Auch solche Geschenke sind für Kinderherzen beglückend – ganz egal wie alt der Körper ist, in dem sie das Leben möglich machen! Unser aller Vater lässt uns die Freude spüren an all dem, was die Natur für uns hervorbringt – ja es ist, als spürt ER jede einzelne Seele, die an solchen Geschenken eine nie endende Freude haben!

So diese dann in einem Garten erscheinen, den wir hegen, ist dies für alle umso besonderer, weil wir dann die Kommunikation innerhalb der Schöpfung erkennen und lieben lernen.

Doch Kinder brauchen die Möglichkeit und sanfte Führung in dieser schönsten Lebensweise sein zu dürfen, zu der Achtsamkeit in jedweder Weise gehört und auch die Würdigung der Aufgaben, die wir übernehmen - von der unser Himmlischer Vater und die Natur die Grösste hat! Denn ohne die Gaben der Naturelemente und der Samen, aus denen all das entstehen darf, gibt es nichts Lebendes, sich Entwickelndes. Es kann nichts Wertvolleres und Gesünderes geben, als das, was aus der Welt kommt, zu der wir selbst gehören!

Versorgt mit der Kraft der Sonne, locken die natürlich gereiften und erblühten Geschenke im Schoß der Natur Wohlgefühle und schönste Sinneserfahrungen in uns hervor und somit auch das Lächeln, welches uns wohltut, wenn wir es haben oder es in anderen „hervorzaubern".

Glückskindzauber – möge dies die einzig anerkannte und bekannte Diagnose der

Zukunft werden, weil die Menschen sich an das wahre Glück des Lebens erinnert haben und LEBEN, wie es unser gemeinsamer Vater für uns alle wünscht, damit auch ER nur noch lächelnd zu uns hinsehen darf!

Etwas von Beginn an wachsen zu sehen und auch das Glück der Offenheit für das, was man das Überraschende im Leben nennt, ist zauberhaft! Dies betrifft das, was in der Natur entsteht ebenso, wie ein Kind, welches man empfängt und begleitet.

Immer wieder habe ich das Gefühl, dass sich der heutige Mensch nicht genügend darauf vorbereitet und nicht mehr auf den passenden Moment vertraut- SEINE Weisheit für das Richtigste, auch die Partnerwahl betreffend.
Denn ich wünsche allen Kindern, dass sie Mama UND Papa um sich haben und dass die Ruhe und Harmonie in einer Familie wieder das Wichtigste wird.

Ein Kind kann wie ein Biene sein – es darf seine Kindheit auskosten in schönster Weise und einfach nur Kind sein an dem Ort, den die Eltern ihm und sich selbst erschaffen haben.

Wenn wir wieder dahin gelangen, dass wir einen Ort finden, den die Seelen mit ihrer schönen Energie zu einer Oase machen und sonst nichts mehr brauchen, als das, ist wohl allen wieder am allermeisten gedient!
Es ist wie in kleines Paradies, das entsteht, wo der Frieden fühlbar ist und nichts Störendes mehr Einlass findet!

Wenn wir wieder im Einklang mit der Natur leben und uns nicht mehr in all die Angebote hineinbewegen, die viel versprechen und doch nichts halten können, weil wir nur mit IHM und durch IHN wieder ewig glücklich
Sein können in der Schöpfung natürlicher, schöner Erscheinungen, fehlt uns nichts. Denn was man nicht kennt, kann man nicht vermissen.

Da der Mensch an Sein Leben nicht oder kaum mehr erinnert ist, vermissen die Menschen heutzutage immer das, was ER nicht geben kann, denn Seine Geschenke erhalten wir auf natürliche Weise in der Wunderzauberwelt lebendiger Formen!

Wir brauchen das Gefühl von Sicherheit und das Angenommensein – doch dies kann nur ER uns geben und darauf aufbauend, wird der Mensch wieder ein stilles, sanftes, fühlendes, zärtliches Wesen, was innerhalb Seiner Liebe und Weisheit die ganz natürlichen

Veränderungen annehmen und die Geschenke darin erkennen kann.

Sein Kind sein… einen gemeinsamen Traum – es ist so etwas Grosses und Heiliges!

Lächelnd erinnere ich mich an eine Zeit am Meer in dem Land, das man Kroatien nannte und mit dem mich so viel Schönes verbindet – ein Land, in dem es all das für mich gibt, was man sich nur wünschen kann!

Da ist der Strand mit dem herrlich blauen Wasser und der oft gebrachte Vergleich, dass meine Augen so blau und schön seien, wie die Adria. Und dann ist da wieder der traurige Blick zu all den Komplimenten, die am schönsten und wertvollsten sind, von diesem EINEN, wenn man ihn finden darf und in dem

Heiligtum der Liebe eine so
wunderschöne Seelenverbindung fühlt!
Und dann wieder aus heutiger Sicht die
Erinnerung, dass dies nur auf der Basis
SEINER Liebe und der Verbundenheit
mit unserer Seelenheimat möglich ist.

Es sind die Bewegung des Wassers und
die schönen Spaziergänge am Strand, das
genießen der Sonne und die
Begegnungen mit IHM in Tieren und
Menschen und so vielem mehr.

Ich sehe ein Bild wie dieses und lache mit
DIR… weil der Mensch sich oft in
Sicherheit vor dem bringt, was doch nur

das Gute ist! Wären wir doch nur wieder so einfach und lebendig wie ein Hund und ihnen solch geradlienige und fühlige Gefährten, sodass sie sich mit uns entspannt und rundum wohlfühlen können!

Was für ein wunderschöner Blick auf eines der mir so lieben Geschöpfe und die Erinnerung an die Buchreihe „Buch ohne Namen", in der ein Hund und die Spiele mit ihm im Wasser die Grundlage von Betrachtungen über die Liebe bildete.

Wie viele Stunden habe ich mit dem Leuchten DEINES Lichts im Wasser in

Freude zugebracht? Wie herrlich und schön ist es, in all dem die Liebe zu fühlen und auch die Freunde, die wir ohne Menschen haben – nur wir mit DIR. Mit DIR in DEINER Schöpfung fühlt man sich nicht allein. Alles ist schön, friedvoll und besonders, wenn DU mit uns bist!

Je offene und kindhafter die Seele, umso mehr zeigt sich des Schöpfers Sinn für Harmonie in ihr. So wird die Farbwahl dementsprechend sein, die gewählt wird für Kleidung und die Umgebung und man spürt, dass man in der Seele davon berührt ist! Man fühlt sich auch dazu bewogen, andere damit zu berühren oder solch schöne Blumen in Achtsamkeit zu berühren – es ergibt sich spontan und fließend!

Und immer mehr vermischt sich alles zu etwas Ganzem – in dem Farben, Klänge, Formen, Düfte sich in uns zu einem Wohlgefühl bündeln, welches beim Betrachten solcher Bilder wieder da sein kann!

Kinder haben oftmals ein noch ganz natürliches Fühlen für soetwas und können uns hilfreiche Lehrer sein oder in uns solche sanften Gefühle wachrufen.

So beobachten wir sie dann still und lächelnd – dankbar für solche Augenblicke, in denen wir mit IHM und dem Himmel verbunden sind!

Es ist November und noch immer kann ich Lavendelblüten pflücken – mich an diesem herrlichen Duft erfreuen!

In SEINER Welt gibt es immer überraschende Geschenke! Auch Rosen blühen noch – erst heute entdeckte ich wunderschöne weiße Blüten! Dieses Gefühl für IHN und SEINE Werke schenkt uns einzig und allein nur ER durch SEINE Liebe. Nichts kann uns dann so sehr beglücken und erfreuen wie all das, was spontan in unserem Weg erscheint und uns ein Lächeln in Seele und Gesicht zaubert!

Kinder in dieser Weise heranführen an die natürlich gewachsenen Gaben, ist für mein Gefühl das allergrößte Geschenk, was man ihnen und auch sich selbst als Eltern machen kann! So fällt vieles von dem weg, was man heute noch glaubt zu brauchen und man erkennt recht leicht, welcher Segen und welch natürliche Fröhlichkeit sich so in der Familie zeigt!

Wann immer wir in die Natur gehen,
können wir SEINE Wunderwerke

bestaunen und Kindern gleich staunen, wie ER diese Welt für uns schmückt.

Wir haben so vieles erschaffen – Nachbildungen dessen, was in der Natur viel schöner und mit viel mehr Vorzügen zu finden ist, als nur hübsch auszusehen. Wohin mit all dem, wenn wir es nicht mehr wollen oder brauchen?

Die Natur war einst in der Lage ALLES zu verarbeiten und so war auch der Mensch absolut gesund. Jeder kann seinen eigenen Lebensraum ansehen und erkennen, wie viel aus der Natur noch um uns ist und wie viel Ersatz wir zugelassen haben, ohne es zu wissen, was all das mit uns und unserem schönen Lebensraum macht!

In SEINER erschaffenen Welt braucht es nichts, was wir schrauben, nageln, kleben oder in sonstiger Weise künstlich zusammenhalten oder aneinander fügen müssten. So ist dies auch bei dem, was man heute Wunderheilungen nennt.

So man noch keinen künstlichen Ersatz erschaffen hat, kann ER all das heilen und in Ordnung bringen, was uns unseren Körper verändert und Schmerz verursacht. Gern sei hier nocheinmal an Braco aus Kroatien erinnert, wo unzählige solche Geschehnisse dokumentiert sind. Allein der Glaube fehlt dem Menschen und auch die passendste Sicht, wofür uns das Leben geschenkt ist!

Nur über das einstige Sein im Paradies können wir uns erinnern, WIE wichtig die Natur für ein glückliches Menschenleben ist und auch, wie wir dazu beitragen können, damit unsere Umwelt wieder sauber und unserer Gesundheit dienlich wird!

Wenn man sich darauf einlässt, wie wenig Aufwand es bräuchte, wenn wir uns wieder in Freude in die Natur bewegen würden und dort all die Schönheit in uns aufnehmen - ohne etwas davon in Besitz nehmen zu wollen, würden wir immer mehr bemerken, wie einfach und schön das Leben wird und wie viel dann von all dem wegfällt, was andere uns sagen, was wichtig für uns ist!

Dann wären wir wieder offen für die glücklichen Umstände die uns gegeben sind – so wie an einem solch wunderschönen Wintertag, an dem der Schnee wie in Girlanden in den Bäumen hing.

Eine offene Seele kennt keine Langeweile. Das Herrlichste ist ihr, einfach inmitten der Wunderwelt da zu sein und sich in ihr umzusehen oder die Augen zu schließen und all die Herrlichkeit mit offenen Sinnen zu genießen.

FÜHLEND nimmt der Mensch die Qualität des Lebens um sich herum wahr! So ist es dann, dass wir mit IHM zusammen die Schöpfungen bestaunen, die nur ER erschaffen kann!

Wir sind wie eine solche Rosenknospe. SEINE Liebe im Blick – wie das Herz als Licht im Hintergrund – und damit das Gefühl von Sicherheit und Willkommensein, trauen wir uns, uns zu öffnen und das zu tun, was uns Freude macht!

So werden wir uns wieder in dieser Weise achten und uns unterstützen, dass all das Schöne in uns zutage treten kann und wir haben dann keine Eile mit irgendetwas, weil das Leben nichts dergleichen kennt!

Alles folgt einem uns unersichtlichen Rhythmus!

Es ist wie der Fluss, der ohne Unterlass
aus der Quelle mit Wasser gespeist wird.

ER gibt uns ein Gefühl für SEINE
Harmonie – auch in Bewegungen und
Berührungen, die wir selbst tun können.

In SEINER Liebe bleibt alles lebendig,
doch wir machen keine waghalsigen
Üungen, weil die Gesundheit immer im
Vordergrund ist! Die Liebe führt uns zur
Beständigkeit, die dem Leben
innewohnt. Denn wir können es
betrachten wie wir mögen – was ER
erschaffen hat, bringt immer wieder neu
Blüte und Frucht hervor und die Wälder
sind immer noch die, die den für uns
lebensnotwendigen Sauerstoff
hervorbringen.

Wie schön ist es, wenn wir aneinander
und ineinander immer wieder Neues
entdecken und hervorrufen. Wenn wir
wie Kinder bleiben und uns trauen so zu
sein, wie wir es in uns fühlen!

Doch da die meisten Menschen schon lange davon getrennt sind oder selbst als Kind nicht in dieser schönen Weise Kind sein durften, sind heute diejenigen, deren Seelen sich öffnen, im Abseits.

Sie sind es, denen wir folgen sollen, damit wir wieder froh sind, dass es da einen Vater über uns gibt, der für uns sorgt, damit wir so glücklich und zufrieden leben können, wie ER es für uns erdachte!

Der Reichtum des Menschseins liegt in unseren Seelen und auch in der Genügsamkeit all dessen, was das Leben leicht macht und uns in keinerlei Weise beschwert.

Erinnern wir uns, dass wir mit leeren Händen kommen und auch wieder gehen. Was wir durch unsere strahlenden Seelen und liebevollen Herzen werden, in die Welt bringen und in ihr sind, ist von bleibendem Wert!

Einer Rose Heimat geben und sie in bester Weise in ihrem Wachstum unterstützen, ist mehr als nur ein bischen Liebe – dies betrifft sowohl eine Rose als Pflanze und auch im übertragenen Sinne einen Menschen!

So wie die Blumen liebevolle Worte, schöne Melodien und Streicheleinheiten mögen, braucht dies auch der Mensch! Wir brauchen dies nicht von vielen, sondern in bester Weise immer nur von EINEM… EIN Mensch, der wie ER ist und spürt, was in uns vor sich geht. Jemanden der uns spürt, wie sich selbst und das ist dann das, wenn man sagt: „Da ist EINE Seele in zwei Körpern und das ist dann SEINE Seele, die sich in Zweien als Einheit erfährt."

Eine Rose sein oder SEINE Rose sein – ist ein wesentlicher Unterschied, denn ohne SEINE Liebe können wir nicht Mensch werden und SEIN im schönsten Sinn!

Eine Rose in der Farbe, die SEINE sanfte Liebe zum Ausdruck bringt. Aufgenommen habe ich dieses Bild im Dachsteingebirge, wo die Bischofsmütze zu einem für mich heiligen Berg geworden war. Ein Gipfel ist zu sehen und der andere ist von einer Wolke verdeckt.

Eine Rosenblüte ist geöffnet und die andere ist eine Knospe. Es ist wie die Entsprechung für unser Menschsein! Erst brauchen wir diese feste Verbindung zu IHM, damit in uns diese Sanftheit stabil ist und wir SEINEM Wesen getreu zu leben wissen und es auch tun. Dann kann sich unser Seelengefährte zeigen, der uns durch IHN gegeben wird… weil dieser dann wie ER selbst ist.

Wie viele von solchen vollkommenen Weggemeinschaften gibt es heute noch? SIE braucht es, damit auch die Kinder in diesem Heiligen Familienverbund heranwachsen können und so all die Qualitäten eines Menschen in SEINEM Sinn ausbilden und so für all das nutzen können, was SEINER Schöpfung zugute kommt! Dann braucht der Mensch keine Gebote oder Verbote mehr, weil er dann ist wie ER ist und nur noch dem Schönen und Guten hingewandt!

Was für ein Segen, wenn man in einer solchen Naturoase leben darf und diese auch schützt vor Massentourismus und dem Lärm, der weder den Menschen, noch der Natur guttut kann!

Dankbar für die wunderschöne Zeit dort, lächle ich.

Ich vermisse DICH und die Orte, wo man DEINE Kraft und Liebe so direkt und pur spüren kann und weiß doch, dass diese Kraft sich weltweit bündeln muss, damit alles Störende entfernt ist und man sich wieder in der Stille der Bergwelt als MENSCH ganz angekommen und rein spürt und so auch die Klarheit, die ein solcher Berg vermittelt.

Wie schön es ist, sich in die Glücksmomente wieder hinein zu begeben und Dankbarkeit zu spüren für all das, was nur ER uns zu schenken vermag!
Die Bergwelt hat ihren ganz eigenen Zauber und mit der richtigen Einstellung spürt man, wie die Natur sich uns öffnet und wir mit so vielem beschenkt sind, was anderen verwehrt bleibt. Immer geht es um unsere Achtsamkeit ALLEM Leben gegenüber!
Gerne erinnere ich hier an zwei Bücher: „Lausche dem Geheimnis der Berge" und „Berggeflüster" – die ISBN-Nummer findest du im Anhang.

Ich sehe dieses Bild an und erinnere mich an Spaziergänge im Regen und das wohligliche Gefühl, diesen auf der Haut zu spüren – wie eine beste Dusche aus des Vaters Schatzkammer.

Ja, als Kind ist das Leben einfach und man braucht keinen Schirm. Denn wenn es genug geregnet hat, ist ER da und verwöhnt uns mit Sonne oder man wärmt sich dann irgendwo auf.

Wie schön du bist – Rose! Wie schön DU sein musst, Vater – dass DU soetwas Wunderschönes erschaffen hast und weißt, was uns und ihnen guttut!

Ja, Vater – DU machst mich lächelnd und brachtest mich auch meinem irdischen Vater in einer Weise nah, die mich tief berührte... kurz bevor seine Seele wieder zu DIR kam und auch danach.

DU führst uns – so wir offen und bereit dafür sind – zur richtigsten Sicht auf uns und unser Leben! So bewundere ich immer noch, was seine lieben Hände alles erschaffen haben, welch künstlerische Talente in ihm ruhten und auch edle Werte, die wir brauchen. Doch ihm war es nicht vergönnt einen solch warmherzigen Ort zu haben, in dem seine Seele in schönster Weise Heimat finden durfte, weil in unserer Familie die Verbindung zu DIR gefehlt hat! Ich denke an ihn und weiß, wir sollen nicht traurig sein, sondern uns freuen, dass die Seele aus der Enge des Körpers in die Freiheit – ins Licht zu DIR – finden durfte.

Wie dankbar kann man sein, wenn man das schon vorher weiß und sich ganz bewusst im Leben auf das nächste Leben vorbereiten kann und so auch fühlend dafür wird, dass man dann IMMER mit DIR verbunden bleibt.

Ich danke DIR für all die wunderbaren Erfahrungen - die natürliche Schönheit, die ich durch DICH finden durfte und auch den Sinn für Harmonie in DEINER Wunderwelt der Farben, Töne und Düfte – für malerische Landschaften und Talente.

Kein Dank kann groß genug sein an DICH und damit auch an unsere große Mutter, in der all die Samen durch DICH zum Leben erweckt werden, um uns zu erfreuen und zu beglücken!
KEIN Mensch und nichts in der göttlichen Welt kann ohne Wasser und Licht sein... und in all dem ist SO VIEL MEHR enthalten, als auch nur irgend einem einzelnen Menschen bewusst ist in der heutigen Zeit!

Als Frau Blumen zu empfangen aus Händen, die in Liebe geben – wie beglückend das ist!

Und auch ist es wundervoll, sie in DEINEM grossen Garten immer wieder neu erblühen zu sehen!

Dem Kinde ist es immer wieder so, als hättest DU sie ihm an den Weg gepflanzt. Und immer sind es UNSERE gemeinsamen Momente, die nur uns gehören – freudvolle, heilige Augenblicke, in denen ich ganz DIR gehöre und DU ganz mir gehörst!

Wie herrlich, wenn Menschen sich in dieser Weise begegnen und IHN zu spüren beginnen in Begegnungen und spontanen Überraschungen, sodass man sich fühlt wie ER… als Träumer in einer Welt, die einfach nur schön ist und dieses Schöne ist einfach, weil es dafür keine Vorbereitung braucht oder das, was man vorbereitet hat, GANZ sicher das Ziel erreicht: Selige Freude über das, was ist und daraus werden kann!

In SEINEM Traum Heimat zu finden, bewegt uns dem Wunsch nach zu einem Leben in der Natur. Man spürt die Sehnsucht der Seele, sich wieder da einzuleben, wo man einst absolut glücklich und frei war!

Ist es möglich so zu leben? Ja – auch heute noch. Wir sind es, die all das in die Wege leiten, was immer mehr Menschen ein Leben in Freiheit und Würde möglich macht!

Als Kind mit reinem Herzen und reiner Seele findet man einfache Lösungen und begreift nicht, dass SEINE Welt anderen nicht am wichtigsten und wertvollsten ist.

Man lebt in SEINER Wahrheit und in einem Glück, welches man ALLEN wünscht und was so einfach zu erhalten ist!

Man möchte es erklären und kann es doch nicht, weil diese Seelenerquickung immer eine rein Individuelle ist!

Deshalb wünscht sich die Seele Menschen, die dies ebenso fühlen und IHN ebenso lieben und verehren und wissen, dass man sich gegenseitig nichts wegnimmt!

SEIN Herz und SEINE Seele sind so gross und so auch die Liebe, die ER zu geben hat, dass darin ALLE genügend Raum und Entfaltungsspielraum haben, dass es auch keine Konkurrenz geben kann! Man fühlt sich in SEINER Gegenwart einfach nur wohl und geliebt!

DEIN Lächeln… ich kann mich an viele Begebenheiten erinnern, in denen DU mir für Momente durch das Lächeln anderer begegnet bist. Und doch gibt es EINEN, der mehr für mich als ALLE ist und immer bleiben wird. Es ist SEINE Seele, die wie die DEINE ist und so ist sein Lächeln das - als Bruder und Mann, wie das, was Bruno mir schenkte – als Vater – in dieser harmonischsten, ausbalancierten Seelenqualität.

Es ist schön, solchen Gedanken nachzuspüren und ihre Wahrhaftigkeit anzuerkennen.

Da ist der Wunsch für ein Wiedersehen – ohne zu wissen, ob dies im Himmel und auf der Erde möglich sein wird. Doch allein die Gedanken daran mach(t)en mich glücklich… so wie ein Kind an Weihnachten einen Wunschzettel schreibt und daran glaubt, dass die Geschenke kommen werden.

Mein Wunsch ist die grosse Liebe, die mich mit DIR verbindet und DEINER Weitsicht und Weisheit, was gut und wichtig für meine Seele ist! Wie gross ist mein Wunsch, dass der Mensch im Kelch der Weisheit, den Jesus uns reicht, die Elemente des Lebens in bester Qualität finden und als das grösste Geschenk ansehen und die Liebe als das Licht der

Sonne anerkennen! IHN als Vorbild mit SEINER Weggefährtin Maria in ihrer Reinheit und beide in der Sanftheit und Zärtlichkeit all dessen, was der höchsten Harmonie des Lebens entspricht, führt uns unser Weg in die einzig richtigste Richtung.

So wird in unseren Seelen all das Wertvolle wieder zutage kommen und auch der Goldene Samen wieder zum Mittelpunkt eines „vollkommenen" Menschenkindes in einer herrlichen, heilvollen und einem Gott ähnlichen Wesen gerecht werdenden Lebensraum: Natur pur!
Dann braucht die Rose keine Dornen mehr und der Mensch kann wieder in absoluter Sicherheit und SEINEM Segen LEBEN mit all SEINEN Schöpfungen, in denen dann nur noch das reine Gute zu spüren ist und man nur noch perfekte Körper sehen wird. Wie lange der Mensch dann leben wird? Zumindest ist er dann zufrieden, friedvoll und heiligt IHN!

Irgendwann wollte mein inneres Kind dann eine Zauberblume für DICH werden, durch die der Glückskindzauber zu den Seelen der Menschen gelangt und dadurch auch zu DIR und ihm, diesem EINEN.

Ich spüre, wie wichtig DIR UND IHR jedes einzelne der Kinder war und ist und welche Freude DU hast, wenn ein Kind den Weg wieder zu DIR findet und mit DIR sein mag! DEIN Kind bin ich.
DIR gehören meine Seele und mein Körper und nur DU kennst mich und meinen Weg.

Mögest DU mir meine Fehler vergeben und mich immer wieder führen in DEIN Heiligtum, um darin Frieden zu finden und irgendwann IHN, der durch DICH in diese heilsame, sanfte Liebe fand.

Immer einfühlsamer werde ich für meine eigene Kinderseele und das, was meine Hände mir selbst und DEINER Welt zu geben vermögen. Dies ist nur möglich durch die Liebe – das einzig wertvolle Geschenk, dass wir uns wünschen sollten, damit wir SPÜREN, dass die Liebe eine Gabe des Himmels ist und wie reich sie uns macht!

Sich IHM und SEINER Wunderwelt vertrauend öffnen dürfen – so wie eine Rose dem Licht der Sonne – ist das größte und doch natürlichste Geschenk, welches wir einander machen können!

Wir können so selbst zu Sonnen werden und damit auch zu Quellen der Wärme und Intuition – IHM hilfreich, um SEIN Heiligtum wieder auferstehen zu lassen.

Lächelnd erinnere ich mich an unzählige Schritte, die ich gegangen bin – auch Treppen hinauf und hinunter: DICH suchend und den Sinn des Lebens!

Es ist so wichtig und beglückend in Bewegung zu bleiben und immer bewusster all die Schönheit in unseren Seelen und in der Natur wahrzunehmen und anzunehmen – zu spüren, WIE liebevoll, achtsam und gütig DU bist! Wie reich sind die Menschen, die selbst auswählen können, wo sie leben und dieses Privileg auch zu schätzen wissen

und so SEIN Heiliges Land in ALLEM zu erkennen und zu ehren.
Wo würde ich Heimat finden wollen? Es wäre eine Landschaft, in der es so lieblich wie in einer Feenwelt wäre.
Wie fröhlich ist ein Kind, das sich als SEIN Kind erkennt und nur noch mit IHM und SEINEN Geschöpfen in Wertschätzung und Liebe zusammen sein mag! So war ich in solchen Tagen, wenn ich so ganz frei und ganz ich selbst sein konnte!
Es ist immer wieder das: Die Natur hat kein Urteil über uns – dort spüren wir unser wahres SEIN… die Kinderseele fühlt sich frei und gesehen!
Im Schoß der Mutter Natur und in SEINEM Blick finden wir zur reinen Liebe und spüren das Heilsame in SEINER Welt!
Barfuss und mit verschiedensten Arten von Schuhen war ich glücklich unterwegs auf „meinen" Wegen, die mich so viel Schönes lehrten!
Zu Fuss nimmt der Mensch immer achtsamer wahr, was ER uns erschaffen

und uns immer wieder in Liebe und Freude schenken kann!
Wie herrlich, sich dann irgendwo spontan niederzulassen und in aller Stille um sich zu blicken…!
Ohne äußere Spiegel fühlen wir uns wohl und erkennen, was das Wesentlichste der Liebe ist: Die INNENWELT und dass wir EINS sind mit der grossen, schönen Weltenseele! So viele Wunderwerke – Kleine und auch Grosse – habe ich bestaunt. Von so vielem war ich tief und nachhaltig berührt und auch habe ich mir so oft DEINE Kraft gewünscht, um helfen zu können, um DEINE Welt in Ordnung zu bringen, damit ALLE Geschöpfe – so auch Flora und Fauna – wieder ein „bestes" Leben haben! Doch dafür braucht es uns ALLE, damit wir unser Tun erkennen und unsere Handlungen wieder in DEINEM Licht ausführen und alles Störende lassen!
„ICH LIEBE DICH und DEINE WELT!"
Das Leben ist heilig und es ist zutiefst berührend, sie in DEINEM Licht zu sehen und mit kindlicher Seele zu fühlen.

Was ist deine Passion?
Welch größere Wunderwerke können
wir erschaffen, als ER?
Als Passion das Mensch SEIN zu haben
und damit auch die LIEBE
in ihrer reinen, sanftesten Weise –
es gibt nichts Wertvolleres und nichts,
womit wir uns selbst reicher beschenken!
Das, was bleibt, ist die Qualität unserer
Seele und diese bildet sich allein in
SEINEM Licht und all dem,
was wir für SEINE Schöpfung tun –
ohne an einen besonderen Vorteil zu
denken!
Wie herrlich und schön,
so genügsam wie eine Blume zu sein und
IHM zu danken für SEIN Lebenswerk!

Eingebettet in DEINE Liebe,
ist man wie eine solche Blüte –
eine heile und vollkommene Welt!
Heilig ist daher jedes von DIR beseelte
Leben und sein Lebensraum.
Sie lächelt uns Freude zu und verbindet
uns mit der Reinheit des Lichts,
wodurch die wahrhaftige Schönheit
der Menschenseele erst
zutage tritt.
DU in unserer Mitte…
und alles ist gut!
DEINE Welt ist meine Welt –
eine Schönere gibt es nicht!

DEIN Lächeln Vater und
was es mir bedeutet –
niemand kann es erahnen oder spüren
von denen, die um mich sind.
Niemand von ihnen hört meine Gebete,
die ihnen wünschen, Dich zu finden,
damit ein Leben in Wahrhaftigkeit
möglich wird!
Sie können nicht fühlen,
wie wichtig ein Lächeln sein kann und
das Gefühl, dass in Deiner Liebe
alles in Ordnung ist!
Was du mir bist, kann nur jemand in sich
haben, dessen Seele ebenso offen ist für
diese zärtliche Liebe und Weisheit,
die immer eine Himmelsgabe ist.

Sie sehen nicht ihre Blicke und
spüren nicht, was ihre Urteile und Worte
in den Kinderseelen anrichten.
Dein Lächeln – Dein Licht in Deiner uns
geschenkten Welt – mehr braucht es
nicht, um DICH und die Liebe zu fühlen,
die uns zum Paradies hinführt!
Dein Lächeln finde ich in mir und
an jedem Tag in vielerlei Weise
in Deiner Schöpfung,
die wir Natur genannt haben.
DEIN sanftes, friedvolles Lächeln –
es möge zu meinem werden:
Wohl wissend,
dass DEINE Liebe ewig währt und
so auch DEINE Wunderwelt,
in dem es einem Kind wohl ergeht!

Das grösste Lächeln schenkt sich mir,
wenn ich mich an die immense Anzahl
von Glücksklee erinnere,
die DU mich findest ließest und
die ich Menschen übereichte und
auch per Post versandte.
Waren diese Gaben hilfreich und
meine Gebete?
Nur DU kannst Antwort finden!
Für mich war es Freude in vielerlei Weise
und ich bin dankbar für jeden einzelnen
Moment auf dieser Reise
auf der Suche nach Glück!
Von der Glücksfinderin und Glücksbotin
zum glücklichen Kind in DEINER Welt –
Möge sie wieder ALLEN Menschen
wichtig werden!

Nachwort

Worte sind nur Worte – flüchtig und schnell vergessen, wenn sie nicht als eigene Erfahrung mit Liebe erfüllt zu uns und unserer Seele gehören.

Das Lebenslicht der Liebe unseres Himmlischen Vaters zu empfangen, ist etwas so Wundervolles! SEINE Liebe verändert uns und wir begreifen, dass unsere Leben in vielerlei Weise wichtig sind, um das Schicksal der gesamten Schöpfung in Balance zu halten und Ursachen aufzuspüren, damit ER sie unschädlich machen kann und somit die Wirkungen aufhören zu sein!

Nur die Liebe lässt uns unsere Vergangenheit vergessen und ER erlöst uns aus all dem, was möglich ist! Nur wer Schmerz selbst erleiden musste, kann Empathie erlangen für die, die Hilfe erhalten und davon befreit werden. Nur wer sich IHM und SEINER Schöpfung in

Achtsamkeit zu nähern vermag, kann ermessen, was ER uns alles zu vergeben hat und WIE gross SEINE Gaben an uns anzusehen sind!

Nur FÜHLEND können wir ermessen, was auf der Erde alles geschehen ist und was alles bereinigt werden muss, damit der Mensch wieder in Würde leben kann – auch um IHM Ehre und Dank zu erweisen. Denn wenn wir spüren, wie ER ist und wie SEIN Mensch in Harmonie einst war und lebte, erkennt, welchen Weg wir vor uns haben und was es bedeutet, edel in Charakter und im Handeln zu sein.

Es bleibt nur zu wünschen, dass die Seelen sich öffnen für den Empfang SEINER Liebe und damit auch für die Natur, die dem liebenden Menschen zu all dem wird, was erhaltungswürdig ist! In einen fühlbar schwebenden Zustand zu gelangen, wie die Erde im Weltall, ist den Liebenden möglich, die wieder GANZ mit IHM vereint sind. Sie werden SEINE

Harmonie und Schönheit in ihren Seelen fühlend empfangen und all die kleinen und großen Wunderwerke in SEINEM Heiligen Land dankbar und freudig erkennen und sich Zeit für sie nehmen!

Wir alle sind Kinder der Sonne! Wir alle können frohen Zeiten entgegen sehen, wenn uns freie Zeit wichtiger wird in den hellen Tagesstunden als Habseligkeiten, die für die Seele und ihren Weg der Reife immer unwichtiger werden. Es geht um ALLE, denn es gibt nur diese EINE Schöpfung und damit auch nur diesen EINEN Lebensraum, in dem wir jetzt hier gemeinsam inkarniert sind. Es braucht unsere Wachheit für all das, was vor sich geht und unser beherztes und mutiges Handeln, damit die Kinder eine Zukunft haben und all das in bester Qualität, was der Mensch dringender braucht als das, was es in Einkaufscentern und sonstigen Einrichtungen gibt, in denen man etwas Geben muss, was unseren Blick fern hält von SEINER Großzügigkeit und Einfachheit der

Gaben, die unserem wirklichen Glück dienen!

Ohne Luft, Wasser, Erde – in der etwas Gesundes und Gutes wachsen kann – und die Sonne selbst wird ein wirklich heilsames und gutes Leben nicht mehr möglich sein! Eine auf Ruhm und Erfolg ausgerichtete Zivilisation, der all die Äußerlichkeiten wichtiger sind, als die Seele, lebt fern ab von all dem, was einen wertvollen Menschen ausmacht. Denn die Liebe führt uns in SEIN Land der stillen Momente und einer in jedweder Weise immer achtsameren Verhaltensweise sich selbst und auch der Umwelt gegenüber.

Wer nicht mehr bereit ist, in Liebe zu geben und darin den eigentlichen „Freudespender" zu sehen, ist auf den Abweg geraten, auf dem sich noch die meisten Menschen befinden.

Wir gehören zum wunderbarsten Vater und zur schönsten Seele!

Wer sich dafür zu öffnen vermag, zu
IHM und SEINER harmonischen Welt
gehören möchte, wird sich öffnen dafür
und sich zu IHM bekennen als SEIN Kind
und IHM dienen wollen mit den
Talenten und Fähigkeiten, die ER uns
nur geben kann!

Da ER uns gibt ohne Unterlass und ohne
eine Gegenleistung zu verlangen, muss
auch der Mensch wieder dahin gelangen
und es IHM gleichtun. Sonst wird er
nicht mehr in diese Höhe der
Harmonien gelangen, um sie wie ein
Instrument zu empfangen und in ihnen
zu schwingen in Freude. Wie anders
SEIN Sinn für Balance und Schönheit ist,
empfängt allein die Seele und begreift
den steten Fluss von Energie durch ALLE
Elemente und Verkörperungen und
auch, wodurch und wie in uns
unvorstellbarer Zeit schädigend Einfluss
genommen wurde!

SEIN Goldenes Licht weist uns den Weg
und lässt uns mit IHM Einblick erhalten

in das, was uns helfen kann. SEIN Goldenes Licht muss uns wieder wichtig werden, damit wir genügend Zeit haben, um uns in der Natur aufhalten zu können und dort all das Heilsame und Lebenswichtige aufzunehmen, wovon heute kaum mehr jemand das richtigste Wissen hat.

Was können wir für einen Glauben haben, wenn uns SEINE Wunderwerke weniger oder gar nichts mehr bedeuten? Wie kann uns ein künstlich hergestellter Duft wichtiger sein, als der, den wir verströmen, wenn wir in SEINER Liebe leben und somit in immer natürlicherer Weise! Alles ist Einmalig in SEINER Welt! Also ist die Frage, weshalb wir uns immer mehr dahin bewegen, um etwas Gleiches wie andere zu wollen, obwohl wir doch bemerken, dass uns dies nur kurzfristig etwas Glück schenkt!

In der Qualität SEINER Seele Heimat zu finden und damit in der individuellen Lebensweise, die uns unverwechselbar in letztlich ALLEM machen kann, sodass man uns durch unsere Seelenenergie, unsere Ausstrahlung und unsere Augen, unser Tun erkennt, ist ein wirklich gutes und wahrhaftiges Leben!

Wieviel ungenutztes Potenzial in den Menschenseelen schlummert und gebraucht würde, um SEINER Schöpfung zu dienen, ist unfassbar und leider auch traurig. Denn es ist möglich, dass Schicksal der Menschheit und somit auch der Erde zu wenden und somit ein für ALLE Menschen Heil bringendes Leben zu ermöglichen. Doch dafür müssen all die dunklen Seiten – man kann auch sagen Charaktereigenschaften – ausgemerzt werden und dies ist nur durch die Liebe möglich, in der es nichts Falsches und Störendes mehr geben kann!

Es ist nicht so einfach, von Gewohntem loszulassen und doch ist es das einzig Hilfreiche, um das Übel mit der Wurzel aus der heutigen, fehlgeleiteten und in

Emotionen gefangenen Menschheit auszureissen. Dies schafft man nur durch die Einsicht, dass es Not wendend ist und mit SEINER Hilfe, die uns manchmal übermenschliche Kräfte und Willen schenkt.

WIR müssen uns und unser Verhalten ändern, damit andere auf der Erde nicht die Konsequenzen unseres unverantwortlichen Tuns tragen müssen! Und letztlich kommen Wirkungen auch wieder zu uns, denn überall in SEINER Schöpfung gibt es einen notwendigen Ausgleich, weil sonst die gesamte Schöpfung außer Balance geraten würde. So kann man all die Katastrophen auf der Erde auf genau das zurückführen: Es fehlt SEINE Liebe und Weisheit! Denn ein Mensch SEINER Güte ist durch und durch gut, hilfreich – dem LEBEN offen und zugetan!

Wir sind nicht hier, um die Erde und unsere Körper immer mehr zu verschmutzen.

Wir sind in dieses Leben gekommen, um zu erwachen in unsere wahre Identität als MENSCH. Darin brauchen wir keine Namen und auch keine Behandlung, als seien wir ein Subjekt oder Objekt mit einer Nummer, sondern wir sind fühlende Wesen, die nur so wieder glücklich und zufrieden SEINE wunderschöne Welt in Freude nutzen, ohne sie zu zerstören!
Ich glaube daran, dass wir uns an unser Versprechen erinnern und IHM hilfreich sind! Mögen die Frauen wieder duftende Blumen werden und die Männer befähigt sein, all das Wundervolle in ihren Seelen hervorzubringen! Dann haben wir IHN und SEINE Sicht wieder erinnert und leben in SEINER Weisheit als freudige Glückskinder! Nichts wird dem Menschen dann mehr fehlen, an nichts ihm mangeln, weil ER ALLES, uns froh stimmende, in der Natur zu geben weiß!

Alles Liebe und Gute wünscht allerHERZlICHsT Deine Ines Evalonja

DANKE
an meinen ewigen, den Himmlischen Vater
und Mutter Erde
DANKE
an meine irdischen Eltern
DANKE
an all meine Seelengeschwister des Lichts
DANKE
an all meine Wegbegleiter – im Speziellen:
Jesus, Ivica Prokic, Bruno Gröning und Braco
DANKE
Für mein Leben und den Weg
ins Licht des Lebens: Wahrhaftige LIEBE

Bisherige Buchveröffentlichungen

Mit den Augen der Seele gesehen Band 1

Softcover ISBN 978-3839153871

Mit den Augen der Seele gesehen Band 2

Softcover ISBN 978-3739209043

Mit den Augen der Seele gesehen Band 3

Softcover ISBN 978-3738615098

Mit den Augen der Seele gesehen Band 4

Softcover ISBN 978-3738654929

Mit den Augen der Seele gesehen Band 5

Softcover ISBN 978-3741296628

Im Licht meiner Seele besehen –
Mit den Augen der Seele gesehen Band 6

Softcover ISBN 978-3752886610

Glückskind –
Die Geschichte einer besonderen Freundschaft

Softcover ISBN 978-3839140642

HERZGLÜCK - Finde Dein persönliches Herzglück

Softcover farbig   ISBN 978-3738612646

Softcover Schw./weiß   ISBN 978-3738625875

Schicksalspoesie – Band 1

Softcover ISBN 978-3738629637

Buch ohne Namen – Band 1

Softcover ISBN 978-3738621259

Leserstimme:
Das Buch zeichnet sich zuerst einmal aus durch die ganz persönlichen Erlebnisse und Empfindungen, die hier in einer ganz hervorragenden Weise zu Papier gebracht wurden. Das Buch lässt uns eintauchen in unser Leben, unser Unterbewusstsein und in die Gegenwart, beleuchtet unsere (meine) Gedanken, Erinnerungen, ermutigt zum "In mich gehen". Es ist ein ausgesprochen zum Herzen sprechendes und gehendes Buch. Ich bin dankbar für die Erfahrungen und leisen Töne, die durch alle Texte wehen.

Buch ohne Namen – Band 2

Softcover ISBN 978-3837020038

Leserstimme:
Liebe Ines Evalonja, den 2. Teil vom Buch ohne Namen habe ich auch schon gelesen. Es gibt mir so viel Kraft. Habe seit langen nicht ein so schön geschriebenes Buch gelesen. Es öffnet mir das Herz. Ich bin so dankbar, dass ich zu dir und deinen Büchern geführt wurde. Schön, dass es dich gibt.
Ich trinke jetzt jeden Tag Glückswasser,

lege dein Glückskärtchen unter mein Wasserglas. Möchte mich hiermit auch von ganzem Herzen für die liebevollen und lichtvollen Newsletter bedanken. Es tut so gut, deine Worte zu lesen.

Lausche dem Geheimnis der Rose

Softcover   ISBN 978-3738652543
Hardcover   ISBN 978-3738654370

Leserstimme:
"...das Büchlein – flugs schlug ich eine Seite auf und las einen Satz; oh, der hat mich so im Innersten berührt, dass ich das Büchlein sachte aufs Klavier legte. Mir war klar, dass ich dieses Büchlein nicht nur einfach so lesen möchte, sondern in einem besonderen Moment, der heute Nachmittag dann kam und ich voller Freude, Dankbarkeit und großer Achtung, besser gesagt, Wertschätzung alles las. Ich habe schon einige Bücher über die Liebe gelesen, dies ist das Schönste!"

Und plötzlich war da dieser Punkt...

Premium-Edition ISBN 978-3738657951
s/w-Ausführung ISBN 978-3739206516

Leserstimme: "Diese eine Wirklichkeit, die stets rund um uns ist, wurde in diesem zauberhaft geschriebenen und liebevoll gestalteten Buch von Ines Evalonja in Wort und Bild eingefangen. Auf Gottgegebene Weise wurden die Vielfalt und der Facetten-reichtum menschlicher Existenz auf den Punkt gebracht. Wieder und wieder führt sie in unser Herz, zu unserer wahren Essenz, zu dem wer wir sind. In jeder einzelnen Geschichte begegnete ich mir selbst. Eine wunderbare Erfahrung, im wahrsten Sinn des Wortes erlesen und zutiefst erfüllend. Ja, das passiert, wenn wir uns einlassen auf das Leben, wenn wir den Mut haben und die Kraft aufbringen, unserem Herzen zu folgen und bei uns zu bleiben. Ja, unter anderem entstehen dann solch wunderbare, kostbare Bücher wie Ines Evalonja sie für uns alle geschrieben hat."

Und plötzlich waren da immer mehr Punkte...

Softcover   ISBN 978-3839146187

Leserstimme:
"Inzwischen hatte ich Gelegenheit, in Ihrem Buch „Und plötzlich waren da immer mehr Punkte..." zu lesen. Man liest es gerne und leicht. Mit welcher Aufmerksamkeit und Liebe Sie die verschiedenen Aspekte des Lebens beleuchten und ins Wort heben – das ist schon bewundernswert und anregend."

... Punkt ...

Softcover ISBN 978-3741286100

Momente voller Zärtlichkeit

Softcover ISBN 978-3739237954

Leserstimme:
„Ein Buch das tief berührt, nachdenklich stimmt, mitnimmt auf eine Reise ins Innerste. Es lässt Gefühle wach werden und weckt Sehnsüchte, die verloren schienen. Kein Buch zum einmal lesen, sondern zum immer wieder aufschlagen und eintauchen in die aufgezeigten Welten.

Lausche dem Geheimnis der Berge
Ein Märchen für Erwachsene

Softcover ISBN 978-3741208171
Hardcover ISBN 978-3741208072

Blütenpotpourri
Malen mit Licht – Band 1

Softcover ISBN 978-3741228148

Rosenträumerei

Softcover ISBN 978-3741242755

Berggeflüster

Softcover ISBN 978-3741281129

La Mer

Softcover   ISBN 978-3741289408

HERZGLÜCK fühlen - Band 2 Herzglück

Softcover ISBN 978-3743116306

Winter – Jahreszeiten Band 1

Softcover ISBN 978-3743166578

Dem Glück und der Freude auf der Spur
Geschichten und Märchen – Sammelband 1

Softcover ISBN 9783-743182059

Tierbegegnungen – Malen mit Licht (Band 2)

Softcover ISBN 978-3743196810

Frühling – Jahreszeiten Band 2

Softcover ISBN 978-3743173521

Herz. – Und plötzlich war da dieser Punkt... Band 4

Softcover ISBN 978-3743175822

Blumenküsse – Schicksalspoesie Band 2

Softcover ISBN 978-3743149281

Sommer – Jahreszeiten Band 3

Softcover ISBN 978-3744832953

Stille, die verzaubert – Malen mit Licht Band 3

Softcover ISBN 978-3744832953

Herbst – Jahreszeiten Band 4

Softcover ISBN: 978-3744874540

Rosen für Herz und Seele Wochenkalender 2018

Softcover ISBN 978-3744892582

Schatten und Licht – Malen mit Licht Bd. 4

Softcover ISBN 978- 3744830904

Buch ohne Namen – Band 3

Softcover ISBN 978-3 744829649

Glückskindzauber
Wie du dein Leben verzauberst

Softcover ISBN 978-3746015705

Jaaaaaaaaaaaaa! Das Leben IST schön.

Softcover ISBN 978-3746047300

Es hat bereits begonnen...
Ein Wegbegleiter in die neue Zeit – 1

Softcover ISBN 978-3746061559

Ein Ende ist nicht abzusehen...
Ein Wegbegleiter in die neue Zeit – 2

Softcover ISBN 978-3746081083

Im Zug der neuen Zeit
Schicksalspoesie Teil 3

Softcover ISBN 978-3746065748

SINNbildLICH(T) 1

Softcover ISBN 978-3746090757

Leuchtspuren des Glücks
Geschichten und Märchen Band 2

Softcover 978- 3752849622

Himmelsnektar für die Seele
Wochenkalender 2019

Ringbuch 978-3752861150

Im Zauberland der Wunderblumen

Softcover ISBN 978-3744886680

Im Licht des Himmels –
Schicksalspoesie Band 4

Softcover ISBN 978-3752841411

Sinnlich(t) – SINNbildLICH(T) Band 2

Softcover ISBN 978-3752869644

Aus Liebe zu den Rosen –
Malen mit Licht – Band 7

Softcover ISBN 978-3748147718

Über Gott und seine Welt –
Fühle dein Seelen-Ich

Softcover ISBN 978-374818813

Seelenorte – Wo das Licht dich findet

Softcover ISBN 978-3748188513

Über Gott und seine Welt –
Öffne deine Seele SEINEM Licht

Softcover ISBN 978-3748126225

Über Gott und seine Welt –
Lass sie wieder zu deiner werden

Softcover ISBN 978-3749446247

Willkommen im Paradies
Wochenkalender 2020

Softcover ISBN 978-373474725

Buch ohne Namen 4
My book of love

Softcover ISBN 978-3738600339

Der Himmlische Zaubergarten – Das Recih der
Göttlichen Seele   Seelenorte Band 2

Softcover ISBN 978-3741240300

Zauberworte in Liebe
Schicksalspoesie Band 5

Softcover ISBN 978-3746089119

Für UNS
Seelenworte der Tochter der Sonne 1

Softcover ISBN 978-3750400702

Lebenstanz
Seelenworte der Tochter der Sonne 2

Softcover ISBN 978-3750412590

Das Himmlische Kind
Seelenworte der Tochter der Sonne 3

 Softcover ISBN 978-3750419407

Eine Liste aller erschienen Bücher findest du auch auf der HP www.glueckszentrale.com

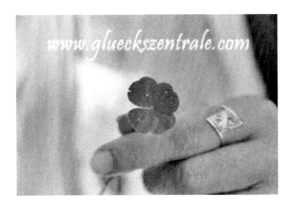

In Liebe und Wertschätzung für den Weg
DEINER Seele –
möge SEIN Licht DICH finden
und DU dich öffnen dürfen zur
passendsten Zeit für wahre
Menschlichkeit!

Impressum
2019, Ines Donath
Herstellung und Verlag
BOD - Books on Demand, Norderstedt
ISBN: 978-3749482177